Liz Mac Tea

Non chiamatemi Cenerentola

Blueberry Edizioni,
La Nuova Casa del Romance

Questa è un'opera di fantasia. Ogni riferimento a fatti storici, personaggi o luoghi reali è completamente fittizio. Altri nomi, personaggi, luoghi e avvenimenti sono il frutto dell'immaginazione dell'autore, e qualunque somiglianza con fatti, luoghi o persone reali, viventi o defunte, è del tutto casuale.

Agli insegnanti che ti indicano dove guardare ma non ti dicono cosa vedere

Ognuno ha una favola dentro che non riesce a leggere da solo. Ha bisogno di qualcuno che, con la meraviglia e l'incanto negli occhi, la legga e gliela racconti.

Pablo Neruda

1. Meggy

Sapevo che non avrei dovuto affidarmi alle nuove tecnologie; io ho a malapena un profilo Instagram dove posto un paio di foto all'anno giusto per Natale e al mio compleanno, non ho la minima idea di cosa sia TikTok — che per me rimane il semplice rumore dell'orologio — figuriamoci quindi utilizzare una sorta di "assistente" virtuale.

Quando Jenna e Liv, le mie due migliori amiche, mi hanno regalato per il mio compleanno Alexa sapevo già che non mi sarei dovuta far convincere a utilizzarla.

Ci sono persone che sono adatte a queste cose, ecco io non lo sono affatto. Io sto alle innovazioni tecnologiche come il Cappellaio matto di Alice sta alla mera normalità.

Ieri sera, prima di andare a letto ho chiesto: "Alexa metti la sveglia" e lei sapete cos'ha fatto? Ha deciso di svegliarmi appena un quarto d'ora fa con il risultato che sono in ritardo pazzesco. A quest'ora dovrei già essere a scuola a "domare" una classe di piccole pesti intente a intonare i canti per la recita e invece mi sto incamminando, coi capelli scarruffati come una pazza, a prendere la metropolitana.

Amo New York, non potrei mai immaginare di abitare altrove, ma posso assicurarvi che i ritardi in questa città non sono ammessi.

Riesco a fatica a salire sul treno. Dover utilizzare la metro all'ora di punta è una cosa che odio ma d'altronde, a piedi, sarebbe una follia considerato che casa mia dista dalla scuola almeno un'oretta a passo svelto e il taxi, sempre che riuscissi a trovarne uno libero, non mi permetterebbe di arrivare in classe prima dell'inizio delle prove.

Guardo lo smartphone, ho un quarto d'ora per raggiungere la stazione della 86th Street e correre al rinomato istituto di Manhattan.

Ho diverse chiamate di Liv a cui non ho risposto e anche un messaggio.

"Dove cavolo ti sei cacciata? "L'Arpia" ha già chiesto di te, io non sapendo che fare, le ho detto che eri alla toilette con la dissenteria. Guarda di muoverti perché non vorrei che facesse irruzione nei bagni dei docenti per assicurarsi che tu stia bene".

Spero che Mrs. Hurdey, la scontrosa e oltremodo severa direttrice della Primrose School, rinominata da diversi docenti l'*Arpia* proprio per il suo carattere, non si accorga che in realtà non sono ancora nello stabilimento scolastico.

Scendo dal treno e, zigzagando tra la gente che affolla la stazione, riesco a uscire in strada.

Quando apro la porta a battenti del moderno edificio mi dirigo subito a passo svelto nel teatro della scuola.

Nell'ampia sala riecheggiano le note di supercalifragilistichespiralidoso misto alle risate e alle grida dei miei piccoli allievi.

Ai lati del palco, Liv sta tentando di chiudere la zip del costume da pinguino di Wendy. Io mi avvicino cercando di non farmi notare dalla direttrice che, gesticolando, sta parlando con Jeremy, il maestro di musica.

«Ehi, tutto a posto? Non dirmi che anche oggi la cerniera sta facendo i capricci!», esclamo avvicinandomi alla mia piccola studentessa.

Wendy si volta e, appena mi vede, un grande sorriso spunta sul suo viso.

«Maestra Meggy, si è inceppata di nuovo, non sale e non vuole nemmeno scendere!», mi spiega.

Mi chino e con meticolosità riesco a chiudergliela.

«Vai, aspettano solo te per riprovare la canzone», la incito io.

Liv, da dietro i simpatici occhiali rosa, mi guarda.

«Che hai combinato? Non è da te arrivare in ritardo».

Mi avvicino e, abbassando la voce, inizio a dire:

«Non avrei dovuto ascoltarvi, se non fosse stato per quell'assurdo aggeggio sarei stata in orario come sempre. Sapevo che avrei dovuto tenermi alla larga dal progresso tecnologico: quell'inaffidabile della vostra assistente virtuale non ha ritenuto opportuno svegliarmi».

La mia amica si mette a ridere.

«Alexa è tutt'altro che inaffidabile, piuttosto, ricordati che mi devi un favore, se non avessi detto all'*Arpia* che eri al bagno con problemi gastrointestinali, sarebbe andata su tutte le furie, quindi, sarai tu a passare a prendere quei gadget per la festa di Vivian», puntualizza lei ridendo.

Mi mordo nervosamente il labbro.

«Dovevo immaginare che poi, in un modo o nell'altro, ci avreste mandato la sottoscritta», dichiaro quando alle nostre spalle sento:

«Buongiorno Liv, Meggy... ho letto che la riunione con i genitori è stata spostata al pomeriggio».

Mi volto, Jeremy con un timido sorriso fa una piccola pausa, sembra leggermente in imbarazzo quando poi aggiunge:

«Immagino che, come al solito, faremo tardi quindi mi chiedevo se dopo i colloqui avessi voglia di fermarti a prendere una pizza».

Spostando lo sguardo dal mio viso a quello della mia amica, precisa:

«Ovviamente l'invito è esteso anche a te, Liv...»

«Grazie ma ho il corso di yoga, credo che dovrai accontentarti di Meggy», afferma lei ridendo. «Scusate ma approfitto di questa pausa per attaccare in classe i disegni che hanno fatto per casa».

Jeremy mi guarda aspettando che io risponda.

Accidenti, non so proprio come poter declinare questo ennesimo invito senza offenderlo.

Tutto l'istituto sa della cotta che l'impacciato maestro di musica ha per la sottoscritta. So che lui è il classico ragazzo dal cuore d'oro, dolce e paziente coi bambini, educato e rispettoso ma per me è solo un caro collega, un amico.

Non sapendo come fare, e avendo già utilizzato le più svariate scuse, mi ritrovo a dire:

«Certo, mi farebbe molto piacere ma non stasera... sono davvero esausta».

Wendy arriva in mio aiuto reclamando di nuovo la mia attenzione:

«Maestra, maestra, devo andare a fare pipì, ma non riesco ad aprire la chiusura del mio costume!»

Jeremy le accarezza la guancia.

«Non preoccuparti, la signorina Clayton risolverà tutto», la rassicura fissandomi.

«Scusami ma devo dare una mano a Wendy con questa capricciosa zip, buona giornata, Jeremy».

Prendo per mano la mia simpatica "amica" e ci incamminiamo al bagno delle bambine.

***

La giornata trascorre tra prove in teatro e le consuete lezioni, Liv è già uscita mentre io sono ancora qui a sistemare le scenografie in teatro.

Qualcuno potrebbe pensare che sia pazza a trattenermi, quasi ogni giorno, a scuola oltre il mio normale orario ma io amo il mio lavoro, mi piace pensare che le mie parole e miei insegnamenti contribuiscano a formare questi bambini.

Se da adulti saranno delle persone educate in una piccola percentuale dipenderà anche da ciò che sono riuscita a trasmettere loro.

«Signorina Clayton che ne dice di andarsene pure lei a casa?»

Mi volto, Mr. Danvry, con il secchio e la scopa mi guarda da dietro le spesse lenti degli occhiali.

«Adesso vado, è che volevo sistemare lo scenario per gli spazzacamini», mi giustifico afferrando la mia shopper dal linoleum del palco.

L'anziano mi guarda sorridendo.

«Si metta il cappotto e pure la sciarpa, si è alzato un vento gelido e le previsioni hanno dato anche pioggia».

«Grazie, farò come mi ha suggerito».

Mi incammino tra le aule insolitamente silenziose e mi appresto a uscire, pregustandomi una serata tranquilla in compagnia di Oscar, il mio simpatico furetto, e una pizza da assaporare davanti alla tv, quando mi ricordo di dover passare a comprare quegli assurdi gadget per la festa di Vivian.

Sbuffo, non avrei proprio voglia di dover deviare il mio solito tragitto da qui a casa.

Il vento mi punge le guance e io, a passo spedito, mi incammino alla stazione della metro.

Guardo il messaggio di Liv, se non erro quell'imbarazzante negozio dovrebbe essere proprio nei pressi della Grand Central Station, mi chiedo perché a queste feste siano spesso richiesti quei vergognosi aggeggi.

Salgo sul treno, riesco pure a sedermi sulle logore poltroncine e, approfittando di un po' di tranquillità, comincio a correggere la verifica di storia.

Sono assorta nella correzione quando mi accorgo di dover scendere, in fretta e furia, metto i fogli nella borsa ed esco dal treno.

Tra la moltitudine di pendolari, e non, che passano da qui ogni giorno, mi soffermo qualche istante a osservare il grande orologio posto sopra al desk informazioni, ed esco in strada.

Sta pure cominciando a piovere quando noto l'insegna al led del sexy shop nel quale devo fare acquisti.

Mi avvicino, le vetrine sono oscurate, io mi guardo attorno e, in imbarazzo, apro la porta del negozio.

2. Colin

Sto osservando i grafici di andamento della nostra rivista e non potrei essere più soddisfatto: le vendite digitali e tradizionali sono incrementate del novanta per cento da quando sono diventato il direttore artistico di *British GQ*.

Sulla mia scrivania fa bella mostra di sé l'anteprima del nuovo numero in uscita, con orgoglio lo sfoglio soffermandomi sull'intervista fatta a Robert Danton, direttore della omonima catena di alberghi di lusso.

Mi alzo e mi avvicino alla vetrata che si affaccia su Kensington Gardens assaporando l'ennesimo caffè della mattinata.

Mi trattengo a osservare il parco battuto dal vento e il traffico che si riversa su Kensington Gore quando il suono del mio smartphone interrompe la mia pausa relax.

«Ehi Jeff, mi stai forse chiamando per ricordarmi la nostra partita di golf?», esordisco io.

Dall'altro lato del telefono sento del tramestio.

«Scusa ma la linea è decisamente disturbata, sembrerebbe che stiano facendo dei lavori per tutta la città», precisa il mio amico nonché vicedirettore amministrativo del rinomato tabloid. Fa una piccola pausa e riprende a dire:

«Se hai degli impegni per pranzo rimandali, ti aspetto da Vito».

Prima che possa replicare ha già riattaccato.

Esco dal mio studio e mi avvicino alla scrivania della mia appariscente segretaria.

«Nora, devo vedermi con Studman, rinvia tutti i miei appuntamenti».

La sexy impiegata solleva lo sguardo dal PC.

«Come vuole, vedrò di suddividerglieli tra una riunione e l'altra».

I miei occhi indugiano un istante sulla scollatura, piuttosto audace, della sua camicetta.

«Dovresti anche chiamarmi un taxi, non ho intenzione di prendere la Lexus all'ora di punta».

«Nessun problema...», puntualizza lei rigirandosi tra le dita una stilografica.

Poi, con voce suadente, aggiunge:

«Posso fare altro per lei, Mr. Inerton?»

«Per il momento non ho altre richieste».

Rientro nel mio studio, mi siedo alla scrivania per chiudere alcuni file e lavorare un altro po' alla bozza del nuovo inserto quando il mio sguardo cade sul pacchetto di sigarette che, ormai da diverso tempo, non ho più aperto.

Spesso, soprattutto quando i ritmi di lavoro si fanno incalzanti, vorrei accendermene una ma poi, ricordo tutti gli sforzi fatti per allontanare questa dipendenza.

Sento bussare alla porta:

«Il taxi è giù che l'attende», dichiara Nora prima di voltarsi ancheggiando sui sensuali tacchi.

Mi domando cosa abbia Jeff di tanto interessante da dirmi per offrirmi il pranzo nel ristorante più costoso di tutta la città, penso osservando dal taxi le vie perennemente in tilt all'ora di punta.

***

Quando entro nel rinomato ristorante stellato, citato anche nelle guide come il migliore di tutto il Regno Unito, il mio amico mi sta già aspettando seduto a un tavolo da cui si può osservare il Tamigi e il Tower Bridge.

«Ehi Colin, innanzitutto devo ringraziarti, anche a nome di tutta la direzione, per il lavoro che stai svolgendo a *GQ*. Sei senza ombra di dubbi il più talentuoso direttore artistico con cui abbia collaborato».

Dal tavolo prende la bottiglia di un costoso Pomerol e me ne versa un calice.

«Allora Colin, come già sai, siamo tutti molto entusiasti del restyling che hai apportato alla nostra rivista, e proprio per questo, oggi sono qui a presentarti un'allettante proposta».

Lo guardo da sopra il bicchiere.

«Scusa ma onestamente non capisco».

Allunga la mano oltre il tavolo per darmi un'amichevole pacca sulla spalla.

«Forse sono stato io a non essermi spiegato».

Fa una piccola pausa e aggiunge:

«Come ti dicevo, qui siamo tutti molto soddisfatti di ciò che stai facendo, le tue sono idee nuove, originali e proprio per questo riteniamo che tu possa essere la persona adatta per apportare qualche innovazione anche oltreoceano».

Lo guardo, sbaglio o mi ha appena proposto un nuovo lavoro?

«Jeff, onestamente non penso di aver capito dove tu voglia arrivare».

Il cameriere si avvicina con i nostri piatti.

«Scusa ma mi sono permesso di ordinare anche per te mentre ti stavo aspettando».

Beve un altro sorso del prestigioso vino e riprende a dire:

«È tutto molto semplice, non devi far altro che volare a New York e rifare completamente il look alla rivista, proprio come hai fatto qui».

Mi passo la mano sul mento.

«Jeff, mi dispiace ma preferisco rifiutare», mi limito a dire iniziando a mangiare il mio filetto al pepe rosa.

«Scusami Colin ma la direzione non accetta un tuo "no". Sono disposti a offrirti uno stipendio pazzesco oltre ovviamente ad aver volo e alloggio pagati. Si tratta solo di qualche tempo e poi potrai rientrare sotto la coltre di nubi grigiastre che tanto ami a Londra».

Non mi dà il tempo di replicare che aggiunge:

«Tutti amano New York, possibile che tu sia il solo a non volerti spostare da qui?»

«Jeff, conosco NYC, ci ho lavorato per un po', e proprio per questo posso dirti che non mi piace affatto. Ovviamente messo alle strette, non posso che accettare la vostra proposta ma, ricordati, che appena avrò provveduto al restyling rientrerò qui, non ammetto proroghe».

Mi allunga la mano.

«Affare fatto!»

Nel momento in cui gli stringo la mano so già che avrei dovuto oppormi a questo viaggio di lavoro.

3. Meggy

Con imbarazzo mi appresto ad aprire la porta del discutibile negozio in cui mi hanno indirizzato le mie amiche.

Non avendo conoscenze nel settore e non volendo chiedere aiuto alla commessa, inizio a muovermi tra gli scaffali.

Vedo dei completini da cameriera decisamente osé e altri in pelle che non mi sembrano per nulla adatti alla nostra amica. La mia attenzione viene poi attirata da un espositore dove fanno mostra di sé una serie di oggetti dai colori vivaci e dalle forme più disparate.

Mi avvicino quando alle mie spalle sento:

«Buonasera, se non ne ha mai usato uno le suggerisco questo. In morbida gomma naturale colorata, questo vibratore si ricarica con una semplice presa usb, è prodotto da un'azienda top per garantire un'esperienza sensoriale meravigliosa».

Mi volto, la commessa, una ragazza non molto alta e paffuta, mi guarda da dietro le lenti degli occhiali di un verde decisamente vistoso.

In imbarazzo, inizio subito a precisare:

«È per una festa, le mie amiche mi hanno mandato qui per comprare qualche gadget "divertente"».

«Allora mi segua, l'oggettistica è nell'altra scaffalatura».

Mi ritrovo a osservare un intero espositore dove svettano una serie di gadget assai bizzarri: cerchietti per capelli con genitali maschili fluorescenti, ciondoli, decorazioni per cupcake e dolci, orecchini e altro ancora tutti contraddistinti dal medesimo soggetto.

La ragazza mi guarda:

«Questi sono quelli che vanno per la maggiore ma, se posso, le suggerirei anche queste sfere».

Prende da una mensola delle palline di metallo legate tra loro da una cordicina e me le mostra soddisfatta.

«Dopo il film *Cinquanta sfumature* sono diventate molto popolari, questo è un regalo che viene sempre apprezzato».

Le guardo, non capendo il loro utilizzo.

La ragazza, intuendo questo, mi spiega:

«Sono realizzate per rendere più tonici e stretti i muscoli pelvici».

Annuisco visibilmente a disagio.

Dopo un frettoloso giro tra i vari espositori, dove i miei occhi si posano su oggetti di cui ignoravo completamente l'esistenza, mi appresto a pagare il mio bottino.

Con il sacchetto tra le mani sono sulla porta del negozio per uscire quando mi imbatto nel padre di uno dei bambini della mia classe.

Questo è davvero assurdo, da quando lavoro a scuola non avevo mai incontrato un genitore di un mio alunno al di fuori dell'istituto scolastico e invece vado a scontrarmici proprio in un sexy shop! Penso visibilmente in imbarazzo.

«Signorina, Clayton!», esclama lui spostando lo sguardo dal mio viso al sacco rosa che stringo tra le mani.

«Signor Norsh, buonasera», dichiaro vergognandomi come se avessi appena rubato.

Lui, con un sorrisetto, aggiunge:

«Non avrei mai immaginato di incontrarla qui, ma a quanto pare a entrambi piace questo negozio...»

«Mi scusi ma sono di fretta, le auguro una piacevole serata», mi ritrovo a dire.

«Ci vediamo alla recita, buona serata anche a lei signorina Clayton».

Esco in strada.

Che figura di merda! Che figura di merda! Continuo a ripetermi rientrando nella nota stazione della metropolitana.

Noto subito un gruppo di turisti con il naso all'insù intenti a scattare delle foto all'immenso soffitto dove spiccano le costellazioni dipinte a foglia d'oro.

Tiro dritto e vado a prendere il treno.

***

Ho fame, ho appena fatto una figuraccia con il padre di uno dei miei alunni, sta piovendo e io, nella fretta, ho pure dimenticato l'ombrello a scuola.

Come al solito per strada noto i consueti turisti intenti a scattarsi qualche selfie quando riesco a entrare nel palazzo dove abito proprio nei pressi di Central park.

Il portiere mi sorride porgendomi la mia posta, io faccio altrettanto e mi appresto a salire sull'ascensore.

Guardo la mia corrispondenza, solo bollette da pagare e qualche voucher pubblicitario.

Quando apro la porta mi ritrovo subito tra i piedi il mio fidato amico a quattro zampe, Oscar, un impiccione quanto prepotente esemplare di furetto.

Mi chino per accarezzargli la lunga schiena.

«Sei contento di vedermi? Mi dispiace ma stasera non possiamo andare al parco, sta piovendo ed entrambi sappiamo quanto tu detesti la pioggia», gli spiego proprio come sono abituata a fare con i miei piccoli allievi.

Il mio simpatico coinquilino si alza sulle zampine per farsi prendere in braccio.

Lo assecondo e insieme andiamo in cucina per prepararmi un thè, stasera non ho assolutamente voglia di mettermi a cucinare, se non sbaglio dovrebbero essere rimasti alcuni di quegli squisiti pancakes che ho trafugato ieri a casa dai miei.

Metto il sacco con i "souvenir" vietati ai minori sul comò e decido di rilassarmi con una doccia.

***

Devo essermi addormentata, quando mi sveglio sono ancora sul divano con Oscar acciambellato tra i miei piedi e i titoli di coda che scorrono sulla tivù.

Afferro lo smartphone, ho diversi messaggi dei miei colleghi che parlano nervosi e stressati della recita e altri di Liv e Jenna che invece mi chiedono dei miei acquisti nel sexy shop e mi ricordano quell'assurda festa di Vivian.

Dopo aver scritto un rapido resoconto alle mie amiche della figuraccia che ho fatto poco fa con il padre di Archibald, mi alzo e, facendo attenzione a non svegliare il mio simpatico amico, mi infilo nel letto tra le morbide trapunte.

4. Colin

Avrei tanto voluto rifiutare, non sopporto la città di New York e i suoi abitanti e invece eccomi qui, nell'affollato scalo londinese di Heathrow ad aspettare il mio volo.

A causa di un temporale molto intenso sulla East Coast molti voli sono in ritardo.

Sollevo lo sguardo al tabellone delle partenze, preferirei una qualsiasi altra destinazione, ma NYC proprio no.

Per ingannare il tempo passo dal caotico cafè per un espresso anche se forse dovrei optare per un infuso rilassante.

Mi siedo a un tavolino leggermente in disparte e apro il quotidiano che ho appena comprato: le solite notizie, niente che catturi la mia attenzione.

Decido così di verificare il mio nuovo domicilio newyorchese su Google Maps, tanto per fare qualcosa.

Sembrerebbe proprio nei pressi di Central Park, una zona tranquilla perlomeno.

Viene chiamato il mio volo, mi alzo e riponendo il giornale nella valigia mi appresto a raggiungere il mio gate.

La hostess, una ragazza alta, capelli racconti in un ordinato chignon, gambe chilometriche, mi sorride.

Io le porgo la mia carta d'imbarco insieme al mio passaporto.

«Benvenuto a bordo di questo airbus Mr. Inerton, venga, mi segua nella Business Class», mi invita ancheggiando sugli alti tacchi tra le file di sedili.

Mi tolgo la giacca e lei, cortesemente, me la ripone nel vano portaoggetti.

«Si accomodi, dopo la fase di decollo cominceremo a servire la colazione», precisa con uno spiccato accento americano.

«Grazie», mi limito a dire sistemandomi sulla confortevole poltrona.

Apro il sacchetto contenente le cuffie monouso e le collego al piccolo schermo, scorro i programmi di intrattenimento ma niente sembra piacermi così decido di rivedere alcune repliche delle partite storiche della nazionale inglese di calcio.

La solita assistente di volo fa una rapida spiegazione delle norme di sicurezze, di tanto in tanto vedo che cerca il mio sguardo.

I motori iniziano a rullare e l'aereo avvia la sua corsa sulla pista.

Socchiudo un attimo gli occhi e attendo che l'aeromobile sia in quota e che sia ammesso sganciarsi la cintura.

Mi alzo, prendo il portatile e, tanto per ingannare il tempo, inizio a vedere i bilanci della sede americana dove dovrò lavorare.

Da quando il precedente direttore artistico della rivista ha dato le dimissioni, per un nuovo lavoro nella afosa e ricca Dubai, la testata americana ha avuto un netto crollo delle vendite.

Probabilmente hanno sbagliato a non assegnare subito l'impiego a qualcuno giovane e dinamico in grado di dare una nuova immagine all'intero magazine.

Apro la copia digitale appena uscita oltreoceano e cerco di capire i possibili errori e le modifiche che potrei apportare.

Già da un'occhiata rapida ho intuito che dovrò rivoluzionare completamente il suo outfit con articoli che spazino dall'ambiente, alla musica, all'intrattenimento, al design. Non voglio tralasciare nessun aspetto che potrebbe interessare il lettore.

«Cosa posso prepararle: caffè, thè, latte macchiato, succo di arancia o cioccolata? Preferisce una colazione continentale, inglese o americana?»

Sollevo lo sguardo dal portatile e i miei occhi si incontrano con quelli della sexy hostess dalla voce suadente.

«*English Breakfast, of course!*», mi limito a dire con un accenno di sorriso.

Lei, avvicinandosi al mio orecchio, sussurra:

«Ci avrei scommesso».

Poi, tornando al suo ruolo di assistente di volo, esclama:

«Un attimo e gliela porto».

Mi ritrovo a osservare le sue gambe sinuose dirigersi a scaldare il mio pasto.

Dopo alcuni istanti la vedo tornare con una collega e il carrellino carico di vassoi.

«Ecco la sua *English Breakfast*», precisa porgendomi la mia colazione.

«Cosa le preparo?», mi chiede l'altra ragazza versando del thè alla signora seduta sulla poltrona dietro la mia.

«Per me un succo d'arancia e un espresso, grazie».

Sollevo il coperchio e vedo delle uova alla coque accompagnate da fagioli in salsa di pomodoro e del pane tostato con un panetto di burro.

Le assaggio. Per essere il piatto di una Business Class che ti propone una compagnia di linea potevano fare di meglio ma non lamentiamoci... su altri voli ho mangiato cose disgustose.

Per quasi tutto il viaggio preferisco lavorare anche se le repliche delle partite della nazionale inglese — in cui Beckham era il capitano — sarebbero state un intrattenimento assai piacevole.

Quando il comandante annuncia che ci stiamo apprestando alla fase di atterraggio, nel caotico e affollato scalo americano JFK, sono ancora impegnato a leggere con attenzione la copia di *GQ USA* e ad annotarmi le modifiche che vorrei proporre.

«Mi dispiace ma adesso dovrebbe proprio chiudere il pc... stiamo iniziando l'atterraggio», mi redarguisce, con un sorriso sensuale, la solita hostess.

«Scusa, lo spengo immediatamente».

Lei si avvicina e mi fa cadere in mano qualcosa, poi mi strizza l'occhio e va a sedersi con la sua collega.

Apro la mano: un biglietto da visita *"Wendy Sultan, assistente di volo"*.

Sul retro leggo:

"Questo è il numero del mio cellulare, se ti va di chiamarmi, alloggio al Waldorf-Astoria"

Sollevo lo sguardo dal biglietto e i miei occhi indugiano ancora sulle sue gambe accavallate, seduta in quel modo è estremamente sexy. Forse dovrei considerare l'idea di contattarla, potrebbe essere una sorta di benvenuto in questa città oltremodo odiosa.

L'aereo atterra sulla pista newyorkese con un ritardo considerevole, io afferro il piccolo trolley e mi incammino.

«Buona giornata, la ringraziamo per aver volato con noi. Le auguro un piacevole soggiorno», esclama Wendy sulla porta dell'aeromobile.

«Buona giornata, signorina», mi limito a rispondere sapendo già che più tardi la chiamerò.

5. Meggy

Dopo l'inconveniente di Alexa, ho deciso di tornare alla mia vecchia e affidabile sveglia rosa. La comprai quando ero al College e non mi ha mai tradito, non mi ha mai fatto arrivare in ritardo a un appuntamento, mai.

In perfetto orario apro la pesante porta a battenti dell'istituto privato dell'Upper East Side, i pavimenti sono ancora puliti e non si sente alcun rumore se non quello delle mie scarpe sul linoleum.

«Ehi, quando ieri ho letto il tuo messaggio non riuscivo più a ritrovare la serietà, continuavo a ridere da sola come una scema tant'è che anche il nostro insegnante di yoga mi ha domandato cosa avessi letto di tanto divertente».

Guardo Liv, in cagnesco:

«Mi auguro che tu non abbia fatto un racconto dettagliato della mia serata a tutto il corso di yoga!», dichiaro aprendo il mio armadietto.

«Piuttosto, spero tanto che i bambini abbiano ripassato ognuno la propria parte a casa, per adesso più che Mary Poppins potrebbe sembrare una rivisitazione di Alice nel paese delle Meraviglie!»

La mia amica e collega mi guarda sorridendo:

«Tu Meggy sei troppo precisa e puntigliosa, non puoi pensare che dei bimbi così piccoli non commettano qualche errore. Rilassati un pochino... penso che, in questo, il nostro dolce maestro di musica potrebbe darti una mano...»

Le do una pacca sulla spalla.

«Tu invece dovresti smetterla di fare sempre allusioni a sfondo sessuale!», la ammonisco io.

«Jeremy è un caro ragazzo, un ottimo insegnante ma non mi piace, siamo solo dei semplici amici», preciso quando l'apertura della scuola ci distoglie da queste chiacchiere.

«Dai ci vediamo dopo alle prove e... ricordati della festa, mi raccomando».

Mi dirigo, con l'ingombrante sacco degli abiti di scena, nella mia aula.

***

La giornata trascorre tranquilla tra una lezione di storia, un'altra di letteratura e le prove.

Rispetto alle altre devo ammettere che ho notato più attenzione e meno errori, qualche bimbo è riuscito addirittura a ricordarsi la parte e nessuno è rimasto incastrato in qualche vestito da pinguino.

Mi posso ritenere soddisfatta, penso, mettendo alcuni fogli da correggere nella mia shopper.

Liv poco fa mi ha ricordato ancora della festa, come se potessi scordarmene!

Riesco anche a prendere la metro in orario per poter così tornare a casa, farmi una doccia, e prepararmi per la festa.

Appena entro in casa, Oscar arriva subito a reclamare qualche attenzione.

Io, per farmi scusare che anche per stasera non potrò garantirgli la sua consueta passeggiata nel parco, prendo dalla borsa uno di quei biscottini di semi di zucca e carote di cui lui va matto e glielo porgo.

Lui lo afferra con le simpatiche zampette e se lo porta al muso.

Dopo una rilassante doccia e un'accurata sessione di make-up prendo dall'armadio l'abitino che avevo comprato la scorsa stagione ai saldi e me lo infilo.

Preferisco di gran lunga le mie comode sneakers ma per stasera dovrò fare uno strappo alle mie abitudini e calzare quelle meravigliose *Louboutin*, dal tacco vertiginoso, che feci la pazzia di acquistare qualche Natale addietro.

Osservo il mio riflesso allo specchio, prendo la mia *Miu Miu* e, indossato il cappotto, do una frettolosa carezza al mio simpatico coinquilino e mi appresto a uscire.

Sono sulla porta del mio palazzo quando ricordo di aver distrattamente dimenticato il sacchetto con i gadget.

Accidenti! Spero che il taxi non arrivi proprio in questo momento, penso aspettando l'ascensore.

Entro in casa e afferro la busta rosa, faccio per salire sul moderno elevatore quando le porte automatiche mi si chiudono sotto al naso.

Merda!

Di certo non posso scendere a piedi con questi tacchi quindi non mi resta che attendere.

Do un'occhiata allo smartphone, il taxi mi starà già aspettando in strada; ancora un paio di minuti e decido così di avventurarmi giù per le scale.

Dopo appena qualche rampa, i piedi iniziano già a dolermi, sapevo che avrei dovuto mettermi qualcosa di più comodo, io e i tacchi non andiamo propriamente d'accordo.

Quando arrivo nella hall vedo alcuni operai intenti a caricare degli scatoloni nell'ascensore.

Mi domando chi abbia deciso di fare un trasloco a quest'ora e soprattutto di venerdì!

Il portiere, come a volersi scusare, si avvicina.

«Signorina Clayton mi dispiace che abbia dovuto fare le scale ma sembrerebbe che il nuovo inquilino del ventitreesimo piano sia appena arrivato».

Poi, guardandosi attorno e abbassando la voce, aggiunge:

«Mi hanno detto che sia venuto qua, da Londra, per risollevare le vendite di una nota rivista».

I miei occhi si spostano dal volto, simpatico e ormai segnato da diverse rughe, del signor Rudyard a un taxi che si sta apprestando a immettersi nel traffico della Riverside Drive and West.

«Mi scusi ma devo scappare», mi congedo correndo a reclamare l'attenzione dell'auto gialla che mi dovrebbe condurre alla festa di Vivian.

Apro la pesante porta a battenti e, nonostante le décolleté, cerco di fare uno scatto per fermare la macchina quando, mettendo il piede su qualcosa di non identificato, scivolo rovinosamente sul marciapiede.

Apro gli occhi, non dovrei avere niente di rotto, cadendo ho pure perso una scarpa e tutti gli oggetti comprati in quell'assurdo negozio sono sparpagliati per terra.

Alle mie spalle sento:

«Tutto a posto? Dovrebbe fare maggiore attenzione».

Mi volto per vedere il mio interlocutore.

6. Colin

Dopo aver ritirato i miei bagagli vedo ad attendermi, all'uscita degli arrivi internazionali, un uomo in un diligente e inamidato completo grigio con un cartello su cui svetta a caratteri ben visibili, il mio nome.

«Benvenuto a New York, Mr. Inerton. Spero che abbia fatto un piacevole viaggio. Venga, mi permetta di portarle le valigie», si propone con uno spiccato accento americano.

Lo seguo tra la folla e, uscendo, ci dirigiamo alla sua auto.

Si immette nella trafficata strada che dal JFK porta a Manhattan.

«Ha piovuto per tutto il giorno, sembra che abbia smesso proprio per darle il benvenuto».

Sorpassa una macchina e aggiunge:

«Le temperature in questi giorni sono piuttosto basse ma dicono che il tempo dovrebbe migliorare, anche se New York è sempre magica».

Non replico anche perché ciò che penso, invece, è che odio questa metropoli e i suoi abitanti così confusionari.

Osservo dal taxi i grattacieli, l'auto si immette nel traffico della 125st proseguiamo poi sulla Broadway.

L'uomo, guardandomi dallo specchietto retrovisore, esclama:

«La sua sistemazione è in uno dei quartieri che più preferisco: in una strada tranquilla, non molto distante da Central Park».

Non rispondo, mi limito a prendere dalla tasca dei pantaloni lo smartphone per dare uno sguardo alle e-mail.

Mi chiedo come facessero un tempo senza queste moderne tecnologie in grado di semplificarti la giornata e il lavoro, penso inoltrando un file di aggiornamento delle vendite.

La macchina si ferma.

«Eccoci, le do subito una mano con il trolley», precisa il mio autista.

Mi soffermo un istante a guardare l'imponente edificio quando noto un furgone dei traslochi che sta scaricando quelli che io riconosco essere dei miei scatoloni.

Faccio per avvicinarmi quando una ragazza, alta, capelli biondi raccolti in un ordinato chignon, con indosso un cappotto écru da cui spuntano delle gambe da favola, si volta, mostrandomi un sorriso degno della pubblicità di qualche dentifricio, e dichiara:

«Mr. Inerton, la stavo proprio aspettando. Sono Tess, mi hanno incaricato di accoglierla nel suo nuovo appartamento. I ragazzi stanno già portando in casa le sue cose. Venga che le mostro il suo loft».

Il suo cellulare inizia a squillare.

«Mi scusi ma devo proprio rispondere, se vuole può cominciare a salire...», mi sussurra allontanando il sofisticato apparecchio dal viso.

Mi appresto a entrare quando il mio sguardo non può fare a meno di posarsi su una ragazza che, chiudendosi la porta a battenti alle spalle, corre come una pazza per attirare l'attenzione di un taxi che si sta immettendo nel traffico.

La classica donna americana, penso osservandola dimenare le mani per farsi notare dall'auto quando, posando il piede su di una carta per imballaggio, scivola rovinosamente sul marciapiede.

Nella caduta ha rovesciato il contenuto della sua borsetta e una scarpa le si è sfilata.

Mi avvicino.

«Si è fatta male?», le domando.

Si sta massaggiando il piede.

«Dovrei essere tutta intera».

Raccolgo l'elegante décolleté e gliela porgo.

«Oh grazie, non avevo notato questa cartaccia», aggiunge guardando il pezzo di pluriball su cui è scivolata.

«Anche se stanno lavorando non sono di certo autorizzati a lasciare per strada questa roba», puntualizza rimettendosi la scarpa.

«È pluriball, uno dei materiale più utilizzati per i traslochi», preciso io incontrando il suo sguardo.

Ha degli occhi castani finemente truccati, dei lunghi capelli mogano che le scivolano lungo la schiena, non sembra essere molto alta e vanta uno spiccato accento americano, da autentica newyorkese.

«Senta, il fatto è che non è educazione buttare le cose per terra, per non parlare poi del tempo che i materiali plastici impiegano a dissolversi nell'ambiente e dei danni che provocano». Si alza e senza smettere di fissarmi prosegue:

«Per produrre i sacchetti di plastica e, deduco quindi, anche questo suo utilissimo materiale, vengono impiegate tonnellate di petrolio e solo una piccolissima parte di essi vengono poi riciclati perché il riciclo ha costi elevati e come se questo non fosse sufficiente, danneggiano la fauna; molti animali soffocano o hanno dei blocchi intestinali proprio a causa della plastica».

Non posso trattenermi dal ridere.

«Signorina la ringrazio per questa sua preziosa spiegazione sull'impiego della plastica e dei danni che ne derivano».

Poi, notando sul marciapiede il contenuto della sua borsetta, cercando di non mettermi a ridere, mi chino a raccogliere qualche "insolito" oggetto.

«Penso che questa roba sia sua. Deve esserle caduta quando è scivolata».

Afferro dal marciapiede una deliziosa confezione con delle simpatiche paperelle, quando al suo interno noto un vibratore rosa shocking.

«Questo invece, immagino che sia prodotto nel totale rispetto dell'ambiente con materiali interamente riciclati e biodegradabili», puntualizzo porgendole la scatolina.

Lei, visibilmente in imbarazzo, si difende:

«Non si faccia strane idee, queste cose non sono mie, mi hanno incaricato di acquistarle per una di quelle assurde feste di sole donne».

Poi, rigirandolo tra le dita, esclama:

«Mi dispiace ma, come lei stesso può leggere sulla confezione, questo è un oggetto eco-friendly!»

Alzando le mani in segno di resa non posso fare a meno di mettermi a ridere.

«Per farmi scusare mi permetta quantomeno di darle una mano a raccogliere tutta questa roba».

Mi scruta sistemandosi il soprabito.

«Se vuole davvero fare qualcosa di utile mi chiami un taxi!», replica iniziando a riporre nella sua shopper l'oggettistica per la festa.

Faccio quanto mi ha detto.

«Accidenti, dovrei essere già al ristorante, considerato il traffico impiegherò tantissimo tempo per attraversare Manhattan!», continua dando un'occhiata allo smartphone.

«Immagino che anche lei abiti in questo palazzo... mi sembra cortese, per le regole del buon vicinato, presentarmi».

Le porgo la mano.

«Colin Inerton, resterò in città per qualche tempo».

La mia interlocutrice mi guarda e, stringendomi la mano, dichiara:

«Quindi lei deve essere il nuovo inquilino del ventitreesimo piano... è da tempo che quel meraviglioso appartamento è in vendita ma ancora nessuno si è dimostrato intenzionato a comprarlo».

Dà un'occhiata alla strada, sperando di veder giungere il taxi, e aggiunge:

«Si sono alternati diversi affittuari, prevalentemente uomini d'affari che erano qui per lavoro, come lei del resto».

Una macchina gialla si sofferma sul lato opposto della strada.

«Il mio taxi! Allora, benvenuto a New York, Mr. Inerton».

Fa per attraversare la via quando si volta e pronuncia:

«Mi raccomando faccia attenzione a non disperdere nell'ambiente quel suo prezioso materiale!»

Sorridendo, aggiunge:

«Io sono Meggy Clayton, arrivederci».

La guardo salire sul taxi e, richiamato dalla mia consulente immobiliare, mi appresto a entrare nell'elegante palazzo residenziale.

Questi americani sono tutti un po' matti, penso salendo in ascensore.

7. Meggy

Sono seduta sul taxi nel traffico di Park Ave S., le auto procedono come delle lumache e io mi ritrovo a ripensare all'ennesima situazione imbarazzante che, con grande abilità, sto riuscendo a collezionare.

Mi chiedo che idea si sia fatto della sottoscritta il nuovo inquilino del ventitreesimo piano, praticamente ci siamo presentati mentre io cadevo rovinosamente sul marciapiede con la stessa eleganza di un rinoceronte e, come se questo non fosse già di per sé abbastanza ridicolo e imbarazzante, mi ha pure dato una mano a raccogliere tutti quei discutibili oggetti comprati nel sexy shop.

Probabilmente, se lo dovessi incontrare per strada, non lo riconoscerei neanche, non sono stata a guardarlo con attenzione, ho solo notato la sua altezza, degna di un giocatore di basket, e il suo accento decisamente inglese.

E poi dovrebbe prestare più attenzione e rispetto all'ambiente, quel suo materiale per imballaggi non è di certo *green*!

L'auto si ferma nei pressi del caotico locale alla moda scelto dalla festeggiata per il suo *bachelorette party*; ringrazio l'autista e mi appresto a entrare nel palazzo.

Salgo nell'ascensore per raggiungere le mie amiche in quello che è ritenuto uno dei rooftop restaurant più alla moda di tutta la città.

Entro, la musica per i miei gusti è già troppo alta e so già che a stento riuscirò a capire quello che mi diranno le mie amiche.

A un tavolo, un gruppo di soli uomini sta festeggiando quella che, dalla cravatta glitterata di uno di loro su cui svetta la scritta "vicedirettore", penso sia una promozione sul lavoro.

Cammino dietro il loro tavolo, mi sento osservata, a passo spedito esco nella veranda dove riconosco l'allestimento tutto rosa e argento con palloncini delle medesime tonalità su cui è impossibile non notare la scritta *Wife to be*.

Jenna, in un tubino grigio che mette in evidenza le sue forme perfette, capelli raccolti in un ordinato chignon e tacchi vertiginosi, si avvicina sorridendomi.

«Meggy, iniziavamo a pensare che avessi preferito restartene in casa a guardare qualche nuova serie tv!»

Poi, mi prende per mano e mi fa strada.

«Liv mi ha raccontato della tua emozionante sessione di shopping», mi sussurra all'orecchio ridendo.

«Non me la ricordare, ho pure incontrato il padre di un mio alunno, non voglio neppure immaginare cosa avrà pensato!»

«La stessa cosa che tu hai pensato di lui, ovvero che cerca di rendere un po' meno monotona la sua vita sessuale!»

Zigzaghiamo tra i tavoli e raggiungiamo il gruppetto di amiche che sono qui per festeggiare Vivian.

Dopo aver salutato, abbracciato e scambiato qualche parola con la protagonista della serata e altre amiche e conoscenti che non vedevo da tempo, vado al bancone con le mie due migliori amiche a ordinare il mio cocktail rigorosamente analcolico.

«Jenna e tu cosa ci racconti? Liv la vedo praticamente tutti i giorni a scuola, con te invece è già da un po' che non ci incontriamo», le domando.

«Le solite cose, con il lavoro riesco a stento a ricavarmi qualche oretta per me durante la settimana per andare a pilates, sembrerebbe che buona parte delle coppie di New York abbia deciso di divorziare... e tu invece? Liv mi ha detto che il nostro dolce maestro di musica continua a provarci con te!»

«E no, per favore, adesso non ricominciate con Jeremy! Lo sapete che è solo un caro collega. Piuttosto, tu Jenna ti vedi ancora con il tuo fisioterapista?»

Si mette a ridere, passandosi la mano dalla manicure perfetta sul mento.

«Ragazze, passo le mie giornate in compagnia di coppie che litigano per come dividersi case, macchine, quadri e addirittura dei tranquilli animali domestici e, onestamente, sto proprio iniziando a pensare che il "vissero per sempre felici e contenti" non esista».

La interrompo:

«È ovvio, se sei un avvocato divorzista è normale che tu veda solo questo, se invece fossi stata una wedding planner avresti avuto a che fare solo con innamorati che sognano il loro grande giorno. È tutta una questione di prospettiva!»

Liv si avvicina con un calice in mano.

«Ehi, cosa aspettate a venire? Vivian sta per aprire i nostri regali», ci invita, ridendo.

«Già, non fatemici pensare... grazie a quei simpatici gadget il nuovo inquilino del ventitreesimo piano penserà che io sia una maniaca del sesso! Mentre stavo uscendo per salire sul taxi sono scivolata e il sacchetto si è rovesciato sul marciapiede, lui gentilmente mi ha dato una mano a raccoglierne il contenuto».

Liv e Jenna scoppiano a ridere.

«Non ci posso credere! Avrei tanto voluto vedere la scena! Piuttosto, com'è il nuovo affittuario? Quell'appartamento, nonostante sia meraviglioso, non riesce a trovare nessuno che lo voglia acquistare, si sono solo susseguiti una serie di personaggi assurdi che lo hanno affittato solo per qualche tempo», rammenta Liv finendo il suo drink.

«Vi ricordate quel manager che scendeva a ritirare la posta seminudo e aveva la passione della batteria? Si metteva a suonare agli orari più improbabili e disturbava l'intero palazzo», ricordo io.

«Una sera che Liv e io stavamo venendo da te salimmo in ascensore con lui, indossava solo dei boxer e le ciabatte col pelo. Però devo ammettere che almeno era una vista piacevole!»

Arriviamo al tavolo. Vivian, tra una risata e l'altra e dei giochini piuttosto imbarazzanti, che vengono sempre fatti a queste feste, apre i vari pacchetti tra il clamore delle altre invitate.

Guardo l'orologio, inizia a essere un po' tardi, generalmente a quest'ora sono già a letto da un pezzo.

Decido ugualmente di aspettare ancora un po' prima di chiamare un taxi, vorrà dire che, approfittando del weekend, mi sveglierò un po' dopo e poi mi dedicherò a sistemare gli abiti per la recita.

Le ragazze si scatenano in pista attirando l'attenzione degli altri tavoli.

Sulle note di J.Lo saluto le donzelle che devono aver bevuto qualche shot di troppo e chiamo un taxi.

Sto aspettando di poter salire su di un'auto per togliermi i tacchi, guardo da entrambi i lati della 38th Street ma per adesso non vedo niente.

«Aspetti un taxi?»

Mi volto di soprassalto.

Un ragazzo alto, occhi di un blu intenso, mi guarda sorridendo.

«Scusa, non volevo spaventarti. Sono Jake, ti ho osservata per tutta la sera, ero a quel tavolo di soli uomini, non distante dal bancone, per festeggiare la promozione di un caro amico».

Un po' in imbarazzo gli stringo la mano.

«Io sono Meggy e pure io, come avrai già notato, ero con delle amiche».

«Era impossibile non notarvi, penso che tutto il locale vi abbia guardato ballare e scartare tutti quei "divertenti" pacchetti», afferma accennando un sorriso decisamente sensuale.

Poi, mi domanda:

«Posso chiederti se sei impegnata?»

Mi guarda, sto per rispondergli quando vedo arrivare il taxi.

«Devo andare...»

Poi, aprendo la portiera, aggiungo:

«No, non mi vedo con nessuno».

Vedo apparire un sorriso sulle sue labbra e stringendomi la mano mi ritrovo tra le dita un pezzo di foglio stropicciato.

Lo apro.

"*Spero di sentirti*", e poi il numero di un cellulare.

L'auto si immette nella carreggiata.

«Dove andiamo?», mi chiede il tassista.

«440 Riverside Drive».

Mi tolgo subito le décolleté e sgranchisco le dita dei piedi.

Non vedo l'ora di entrare in casa, infilarmi nel pigiama e buttarmi nel letto. Questo weekend non voglio impegni, solo io, Oscar, qualche libro e i costumi per la recita da sistemare.

Guardo di nuovo il biglietto e lo sistemo nella tasca del cappotto, chissà, magari potrei anche chiamarlo.

8. Colin

Sono arrivato in questa assurda città da una manciata di ore ed ecco che sopraggiunge un inconveniente: la vasca idromassaggio sta allagando l'intero appartamento e considerata l'ora non penso di trovare un idraulico.

Mi metto i jeans e una t-shirt e provo a scendere di sotto. *Magari il portiere è sempre in giro e potrebbe aiutarmi,* mi ripeto salendo in ascensore.

Come immaginavo al desk non trovo nessuno, mi avvicino sperando di vedere quantomeno un numero da chiamare in caso di guasti o problematiche di questo genere quando sento la porta a battenti aprirsi.

Mi volto, è la stessa ragazza che, qualche ora fa, mi ha fatto una ramanzina coi fiocchi sullo smaltimento dei materiali plastici.

La guardo, i capelli sono leggermente scompigliati e tiene in mano le scarpe.

Si avvicina.

«Buonasera, ha già disfatto gli scatoloni?», mi domanda.

«Onestamente non ho neppure iniziato anche perché la vasca idromassaggio ha deciso di allagarmi casa. Come benvenuto in questa città non mi sembra dei migliori!»

«Ha provato a chiudere la valvola dell'acqua soltanto nel bagno? Poi al mattino sentirà Rudyard il da farsi».

«Non ho la minima idea di cosa stia parlando, non sono molto abile coi lavori domestici».

«È dietro il lavandino, come in tutti gli appartamenti del palazzo...», mi spiega lei salendo in ascensore e tenendo sempre le scarpe in mano.

La seguo.

«A quanto vedo preferisce andarsene in giro con le scarpe in mano piuttosto che ai piedi».

Mi guarda, aprendosi il cappotto.

«Si direbbe che i tacchi siano piuttosto scomodi... allora buonanotte e... mi dia retta, chiuda quella valvola se non vuole girare per casa in canoa».

«Grazie per il suggerimento... buonanotte Miss Clayton», le rispondo io di rimando.

L'ascensore continua a salire fino al piano attico, mi avvicino alla porta e cazzo... l'acqua sta addirittura uscendo dal mio appartamento allagando anche il pianerottolo.

A piedi nudi mi faccio strada in bagno e, togliendo i cassetti nel mobile, mi metto a controllare dietro al lavandino.

Ecco che noto tre valvole, di certo è una di queste che dovrei girare per chiudere l'afflusso dell'acqua, ma quale?

Non posso aspettare di creare delle cascate che da casa mia scendano giù per l'intero palazzo, mi volto e senza neanche mettermi le scarpe salgo di nuovo in ascensore.

Mi fermo al piano dove pochi istanti fa è scesa Miss Clayton e, dopo aver letto i nomi sui campanelli, provo a bussare.

Aspetto alcuni istanti, magari starà già dormendo, faccio per voltarmi quando la porta si apre.

Miss Clayton mi guarda alquanto assonnata, indossa un ridicolo pigiama con dei lama rosa e azzurri, i capelli le scivolano giù lungo la schiena e tiene in mano una grossa mug fumante.

Mi osserva con fare interrogativo continuando a mescolare quella che deduco sia una tisana.

«Miss Clayton non avrei voluto disturbarla ma, proprio dietro al lavabo del mio bagno le valvole sono tre e onestamente non so quale chiudere».

«Mi sembra strano, forse hanno aggiunto qualcosa quando il proprietario ha fatto fare dei lavori di manutenzione prima di affittarlo allo scorso inquilino... su, andiamo a vedere», dice posando la tazza sul comò.

Quando arriviamo al ventitreesimo piano l'acqua arriva quasi alle porte automatiche dell'elevatore.

«Accidenti, ne sta facendo di disastri, eh?», esclama lei guardando il flusso che fuoriesce dal mio appartamento.

Apro la porta, Miss Clayton si toglie dai piedi le pantofole di pelo rosa e me le mette in mano.

«Tenga queste e guardi di non farmele bagnare».

Si arrotola i pantaloni del pigiama e si fa strada nel mio loft.

Sembra conoscere la casa meglio del sottoscritto, senza esitazione tira dritto e dal salone passa al bagno "incriminato".

Si china sotto al lavandino, io faccio lo stesso, e per un istante mi ritrovo a un passo dal suo viso.

«Ha una pinza o una chiave inglese?», mi domanda.

«Dovrei averla, mi dia un attimo che vado ad aprire uno scatolone».

A colpo d'occhio noto subito una scatola dove svetta la scritta "attrezzi casa". Strappo lo scotch e afferro la cassetta degli attrezzi che penso di non aver mai neppure aperto e ritorno in bagno.

Miss Clayton adesso sta armeggiando al sifone della vasca idromassaggio.

«Intanto provi a stringere questa guarnizione, potrebbe essersi semplicemente allentata», mi spiega.

Faccio come mi ha detto e l'acqua inizia subito a diminuire fino a bloccarsi del tutto.

Mi volto, lei soddisfatta mi guarda divertita.

«Le suggerisco un manuale per piccoli inconvenienti domestici, sono esaustivi e spiegano in modo semplice come sistemare questi pasticci».

«Grazie davvero, senza di lei avrei allagato tutto il palazzo».

La seguo, poi si ferma e mi chiede:

«Per favore mi potrebbe restituire le mie pantofole?»

«Oh, certo».

Vado in salotto e da un ripiano ancora vuoto della libreria prendo quell'ammasso rosa di pelo sintetico.

«Ecco, e ancora grazie».

Vedo affiorare un timido sorriso.

«Di niente, ma mi dia retta, si compri un manuale...»

Poi esce e, salendo in ascensore, conclude:

«Buonanotte».

«Buonanotte a lei, Miss Clayton».

Entro in casa e non mi resta altro da fare che iniziare a tirar su tutta quell'acqua. Sapevo che non avrei dovuto accettare questo lavoro: odio New York, su questo non ho alcun dubbio!

9. Meggy

Rientro in casa, Oscar viene subito a reclamare qualche carezza.

«Su andiamo a letto, che per oggi la giornata è già stata abbastanza movimentata», propongo grattandogli il simpatico muso.

Lui mi guarda, incurva la lunga schiena per gustarsi ancora qualche carezza e poi sgattaiola in cucina per riprendere il suo riposino nella comoda amaca.

Gli sorrido.

«Buonanotte, Oscar».

Mi infilo nel letto e, non so neanche perché, mi trovo a ripensare a questa stramba serata: prima la mia imbarazzante caduta su quell'assurdo pluriball, o come cavolo si chiama, poi la festa e l'incontro con quell'affascinante esemplare maschile a cui sembro interessare e poi il nuovo inquilino che cerca di allagare tutto il palazzo.

Mi volto dall'altro lato e socchiudo gli occhi, sono davvero esausta, non sono più abituata a fare tardi come quando andavo al College; adesso preferisco un libro o una serie su Netflix da guardare sul divano assaporando una tisana.

Mi stringo nella confortevole trapunta e devo essermi addormentata.

***

Al mattino vengo svegliata dal rumore della pioggia misto a quello del vento contro il vetro della finestra.

Faccio per alzarmi di soprassalto, proprio come se dovessi andare al lavoro, quando mi ricordo che invece è appena cominciato il weekend.

Tiro un sospiro di sollievo e mi riacciambello ancora nel letto.

Con un balzo, Oscar si intrufola tra le mie braccia solleticandomi la spalla con quei suoi simpatici baffetti.

«Ho capito, ho capito, sei venuto a ricordarmi che è il momento che più ami di tutta la giornata... arrivo subito», mi ritrovo a dire al mio coinquilino.

Mi infilo le pantofole e vado in cucina, prima di iniziare a preparare il cibo di Oscar metto a scaldare il latte e infilo alcune fette di pane nel tostapane.

Mi chiedo perché i mustelidi debbano mangiare queste disgustose poltiglie, penso tra me riempiendo la sua ciotola di crocchette, dal forte odore di carne, e aggiungendo anche qualche cubetto di ananas di cui lui è particolarmente ghiotto.

«Ecco la pappa!», annuncio mettendogli sotto al muso la scodella in acciaio.

Adesso potrò gustarmi una colazione tranquilla facendo il cruciverba, mi dico aprendo la porta e ritirando la copia del New York Post che ogni weekend il signor Rudyard si ricorda di comprarmi.

Mi siedo alla penisola della cucina con una tazza di latte fumante, pane tostato, burro di arachidi o, in alternativa, una di quelle gustose creme spalmabili al cioccolato e aprendo il giornale alla pagina del *crossword* inizio ad assaporare questo momento di puro relax.

Per il resto della mattinata mi metto a dare una sistematina per casa, piegando i panni lavati che avevo accumulato nella settimana, passando l'aspirapolvere e pulendo il divano dal pelo che Oscar cambia abitualmente in questo periodo.

Quando, con la maschera detox sul viso, mi sistemo sul tappeto in salotto per apportare qualche modifica agli abiti per la recita mi rendo conto di aver finito proprio la matassina di cotone oro.

Cavolo, non posso di certo usare il filo di un altro colore!

Sospiro e mi avvicino alla finestra: sta ancora piovendo e, anche se nei miei progetti non avevo in mente di uscire di casa con questo tempo, a quanto pare dovrò mettermi qualcosa e spingermi fino al market dietro casa.

Aspetto di sciacquarmi il viso e, indossata la tuta e delle comode sneakers, mi infilo il maxicappotto e vado a chiamare l'ascensore.

Quando le porte automatiche si aprono mi ritrovo davanti l'inquilino del ventitreesimo piano di cui in questo momento mi sfugge il nome ma che, nella mia mente, ho rinominato Mr. Disastro.

«Buongiorno, Miss Clayton».

«Oh, buongiorno, spero che non abbia avuto altri inconvenienti», esclamo facendo passare il bottone nell'asola.

Mi guarda e sorridendo dice:

«Per adesso sembrerebbe che tutto sia tranquillo... stavo uscendo per andare a comprare qualcosa».

Poi, mentre il trillo ci avvisa che siamo arrivati al piano selezionato, mi chiede:

«Come avrà facilmente intuito non sono molto pratico di questo quartiere, potrebbe indicarmi uno store dove fare un po' di spesa?»

Sollevo lo sguardo dalla mia shopper e noto che ha degli occhi di un verde intenso screziati di oro e un sorriso da far invidia alle pubblicità di dentifrici.

«Svoltando all'angolo della 116th c'è il negozio della signora Dorrit, è piccolo ma lì può trovare di tutto: dai generi alimentari ai piccoli oggetti per il bricolage fai da te e poi è uno dei pochi negozi in città in cui si può pagare ancora in contanti».

Faccio per aprire l'ombrello quando mi sento dire.

«Sto andando lì, se vuole le faccio strada».

«Oh, grazie, è molto cortese», mi risponde il mio interlocutore stringendosi nel giaccone.

Usciamo dal tranquillo palazzo e costeggiamo il parco.

«Allora, signor...»

«Inerton, ma può tranquillamente chiamarmi Colin...», precisa lui di rimando.

«Sa, ho l'abitudine di confondere i nomi, lo faccio sempre anche con i miei alunni».

Si volta a guardarmi.

«Quindi è un'insegnante?», mi domanda.

«Sì, insegno alla Primrose School di Manhattan e lei invece?»

Si passa la mano sul viso dove adesso affiora un lieve accenno di barba.

«Lavoro per una rivista...», si limita a dichiarare senza aggiungere altro.

Ci fermiamo al semaforo attendendo di poter attraversare quando vedo una macchina avvicinarsi, con una discreta andatura, a una pozzanghera. Immaginando già la scena indietreggio subito evitando così gli schizzi d'acqua ma Colin invece fa il bagno.

«Cavoli, ma in questa città guidano come dei pazzi!», si lamenta Mr. Disastro strofinandosi i jeans.

Non posso fare a meno di sorridere.

«Si direbbe che, piovendo da tutta la notte, sia inevitabile che si formi qualche pozza d'acqua negli avvallamenti sulla strada», chiarisco io.

«Qui a New York deve avere sempre gli occhi ben aperti!»

Il richiamo acustico del semaforo ci avvisa che adesso è possibile attraversare.

Sta smettendo di piovere quando arriviamo al rifornito negozietto.

«Allora Colin, io devo solo comprare un oggetto quindi la saluto e... mi raccomando faccia attenzione, non mi sembra così pratico di New York».

Mi guarda increspando leggermente il labbro inferiore.

«Diciamo che preferisco di gran lunga la mia Inghilterra: ordinata, tranquilla e attenta alle regole».

«Quindi è inglese?», gli chiedo io aprendo la porta a battenti.

«Sì, sono originario di Winchester ma vivo a Londra praticamente da sempre».

La voce della signora Dorrit interrompe la nostra conversazione.

«Buongiorno Meggy, era da qualche giorno che non passavi di qui... cominciavo a pensare che anche tu iniziassi a prediligere i grandi store di Time Square», afferma l'anziana signora da dietro le spesse lenti degli occhiali.

«Assolutamente, lo sai che amo venire qua per poter fare qualche chiacchiera con te e provare sempre qualche nuovo dolcetto! Piuttosto, ti sono rientrati quei gustosi biscotti all'uvetta?», domando soffermandomi a guardare l'espositore delle matassine da cucito.

La signora Dorrit si alza dalla poltroncina e da uno scatolone tira fuori quanto le ho appena chiesto.

«Eccoli, non li ho ancora sistemati. Pensavo già di tenertene un pacco da parte, so che ne vai matta!»

Insieme ai biscotti metto sul bancone il filo oro e una bottiglia di spremuta d'arancia poi, mentre la mia vecchia amica sta sistemando con perizia la spesa nel sacchetto, mi volto a osservare Mr. Disastro.

Ha tra le braccia una pila di oggetti assortiti in modo bizzarro: detersivo per il bucato, un pacco di fette biscottate, dei fagioli in scatola, una busta d'insalata, del caffè e delle uova.

«Arrivederci Colin, buona giornata», mi congedo io pagando i miei prodotti.

La signora Dorrit sposta lo sguardo dal mio viso a quello del nuovo inquilino del ventitreesimo piano e, abbassando la voce, mi chiede:

«Lo conosci? Sembra un tantino svitato ad andarsene in giro coi pantaloni tutti bagnati!»

Sorrido e alzando la voce in modo che anche lui possa sentirmi dico:

«Lui è Colin, si è trasferito nell'attico del mio palazzo».

Si avvicina e posa la spesa sul bancone.

«Buongiorno, sono Colin Inerton», si presenta lui prendendo dalla tasca dei jeans il portafogli.

La mia anziana amica lo scruta con attenzione e, porgendomi il resto, esclama:

«Dal suo accento direi che provenga dalla nebbiosa Londra anche se riesco a percepire ancora la classica cadenza dell'Hampshire».

Mr. Inerton la guarda stupito.

«Ha fatto centro, vivo ormai da anni a Londra ma sono nato e cresciuto a Winchester», precisa lui toccandosi il mento.

«Anche se sono vecchia non vuol dire che sia rimbambita, le mie "rotelle" funzionano ancora alla perfezione», ribatte lei rigirandosi le dita sopra alla testa.

Mi metto a ridere.

«Rose, lo sai che se tu non ci fossi ti dovrebbero inventare!», dico io accarezzando la mano rugosa della mia cara confidente sulla quale affiorano le macchie tipiche della senilità.

«Sei tu, cara Meggy, che sei un tesoro, non capisco perché nessun uomo si sia ancora innamorato di te!»

Un po' in imbarazzo per la piega che sta prendendo questa conversazione intervengo, ridendo:

«Rose, lo sai che aspetto di trovare il mio Mr. Darcy!»

Prendo il mio sacco, Colin fa lo stesso.

«Ci vediamo, vado a sistemare gli abiti per la recita».

«Allora buon lavoro Meggy e... benvenuto a New York, Mr. Inerton».

Colin, tutto d'un pezzo, si limita a replicare un semplice:

«Grazie Signora, buona giornata».

Mi ritrovo sulla porta del piccolo negozio a osservare la pioggia.

«Ha ripreso a piovere, non capisco come facciano a sostenere che solo a Londra piove in continuazione... da quando sono arrivato, non fa altro che diluviare», afferma Mr. Disastro sistemandosi il giaccone.

«New York non è di certo rinomata per il suo clima; se voleva temperature miti, il vento tra i capelli e giornate soleggiate tutto l'anno avrebbe dovuto optare per la West Coast, la California è famosa proprio per quello», affermo io stizzita.

Apro il piccolo ombrello e mi volto appena per incontrare il suo sguardo.

«Io adesso rientro, ho parecchio lavoro da fare... le auguro una piacevole giornata, Mr. Inerton».

Lui mi osserva, sembra divertito.

«Buona giornata, Miss Clayton e ancora grazie per i suoi suggerimenti».

A passo spedito mi incammino verso casa, Mr. Disastro mi ha fatto innervosire, non tollero che le persone sminuiscano questa magica città.

Mi chiedo cosa trovi di tanto interessante nella sua grigia Inghilterra!

10. Colin

Ho trascorso il weekend sistemando gli scatoloni, provando ad abituarmi al nuovo fuso orario e organizzando da casa il lavoro per tutta la settimana.

Riesco a dormire con difficoltà, il jet lag si fa sentire e stamattina devo cominciare il mio nuovo lavoro nella rinomata sede americana di *GQ*.

Ho cominciato la giornata con la classica English Breakfast sperando di recuperare le energie e la carica; stamattina sembrerebbe che un tiepido sole faccia capolino dietro la coltre grigiastra che si staglia alle spalle di Manhattan.

Afferro il soprabito e mi appresto a salire in ascensore. Guardo l'orologio al mio polso: sono in anticipo ma, onestamente, preferisco non fare tardi e cominciare la giornata senza stress. A Londra ero solito prendere la metro, qui invece l'azienda mi ha messo a disposizione una macchina con autista per i miei spostamenti di lavoro, almeno non dovrò destreggiarmi tra le linee caotiche e affollate della rete metropolitana newyorkese.

L'ascensore si ferma e dalle porte automatiche vedo entrare una figura carica di sacchetti di cui riconosco subito il sorriso: Miss Clayton.

«Buongiorno», pronuncio io osservandola mantenere in uno strambo equilibrio una scatola e dei sacchetti.

«Pensavo che Santa Claus fosse già passato da un po'», dichiaro accennando un sorriso.

Lei mi scruta da dietro lo scatolone.

«Mr. Inerton, si direbbe che la sottoscritta abbia passato una discreta parte del suo weekend a sistemare i vestiti per lo spettacolo e che adesso, in qualche modo, dovrà riportarli a scuola. Una dozzina di costumi da pinguino, altrettanti da spazzacamino e una manciata da bambinaie sono piuttosto ingombranti».

L'ascensore si ferma di nuovo ma l'uomo, che Miss Clayton saluta con un amichevole "Ciao Gas", desiste dal salire.

«Mi auguro che quantomeno ci sia un'auto ad aspettarla», mi sento dirle.

«Spenderei quasi tutto il mio stipendio in taxi se lo dovessi prendere quando ho dei pacchi o quant'altro da scorrazzare per la città; quindi no, userò la metro come sempre!», chiarisce lei uscendo dallo stretto elevatore.

Dal sacco cadono delle bretelle, mi fermo a raccoglierle.

«Queste devono essere sue, non vorrei che uno spazzacamino perdesse i pantaloni!»

Si volta e allunga la mano sfiorando la mia per riporle nel sacchetto.

«Grazie Mr. Inerton e buona giornata».

Poi accennando un sorriso, aggiunge:

«Mi raccomando faccia attenzione alle pozzanghere, non vorrei che arrivasse al lavoro con una chiazza di fango sul suo elegante completo di *Hugo Boss*».

Sto per salire sull'auto grigia quando puntualizzo:

«*Burberry*, il completo è di *Burberry*».

Chiudo la portiera e prendo dalla tasca lo smartphone.

***

Sono appena entrato nella sede newyorkese di *GQ*, alle pareti svettano le cover che hanno fatto la storia della rivista, da quelle degli anni Ottanta con le icone cinematografiche, passando per i meravigliosi anni Novanta fino ad arrivare alle cover più recenti.

Noto subito una notevole confusione: alla macchinetta del caffè alcuni tirocinanti parlottano tra loro scambiandosi pareri su un progetto grafico, alla reception due ragazze decisamente appariscenti si dividono tra telefonate ed e-mail e ovunque si sente un chiacchiericcio di sottofondo.

La sede di Londra è molto diversa da questa: ordinata, funzionale, efficiente e soprattutto non si sente volare un moscerino.

Ognuno lavora facendo del suo meglio ed è proprio questa la chiave del suo successo.

Mi avvicino al desk e attendo che la bionda dalla scollatura audace riattacchi.

«Buongiorno, avrei appuntamento con il direttore», dichiaro sistemandomi il polsino della camicia.

La giovane segretaria solleva lo sguardo dal pc.

«Il direttore è in riunione, mi dispiace», mi liquida lei.

Mi avvicino un altro po'.

«Signorina, si direbbe che io invece abbia proprio appuntamento con Mr. Gardic», preciso.

Spazientita si passa la mano sul viso.

«Senta, mi dispiace davvero ma il direttore ha dato ordine di non passargli nessuna telefonata né tantomeno di far andare nel suo studio un possibile collaboratore speranzoso di ottenere un contratto di lavoro».

Mi passo nervoso la mano sul mento.

«Signorina sono molto contento di notare quanto lei ami attenersi alle regole ma le suggerisco, qualora le si ripresentasse l'occasione, di identificare il soggetto con il quale sta parlando prima di metterlo cortesemente alla porta».

Poi, scandendo le parole, preciso:

«Sono Colin Inerton e ho appuntamento con il direttore».

La giovane, in imbarazzo, inizia a scusarsi:

«Mr. Inerton, mi scusi per il mio comportamento sconsiderato ma non l'aspettavamo prima dell'ora del Brunch».

«Noi inglesi siamo puntuali».

La ragazza si alza da dietro il bancone e sorpassa la sua postazione di lavoro avvicinandosi: è alta, una minigonna le copre a stento il sedere, ha delle gambe affusolate che le garantirebbero di certo la possibilità di sfilare e dalla camicetta spunta il pizzo del reggiseno.

Immagino che qui le segretarie non vengano selezionate in base ai loro studi in marketing e management, penso tra me seguendola tra i vari uffici.

«Ecco, questo è lo studio del direttore».

«Grazie per la sua disponibilità, le auguro una piacevole giornata», le rispondo io di rimando bussando.

Apro la porta, alla parete fanno mostra di sé altre locandine e diversi premi. Al centro della stanza un'imponente scrivania di design all'apparenza ordinata e una *chaise longue* fanno da protagoniste. Un uomo, alto, capelli grigi, mi guarda tenendo in mano una mazza da golf apprestandosi a tirare.

«Oh, Mr. Inerton mi dia un istante che sto perfezionando le mie tecniche di *putting*!», esclama colpendo la palla che, rotolando lungo il tappetino, entra nella buca.

Soddisfatto si avvicina.

«La sua fama la precede! Da Londra non fanno altro che decantare le sue innumerevoli qualità!», afferma stringendomi la mano.

«Mi auguro di non deludere le vostre aspettative».

«Le posso far portare un caffè o preferisce un cappuccino?»

«Grazie ma ho già fatto una sostanziosa colazione».

Ci sediamo alla scrivania e tiro fuori dalla cartella i grafici di andamento delle vendite.

«Come può vedere ho già dato un'occhiata sia alle vendite che alla struttura della rivista e devo ammettere che, se fossi un lettore, pure io mi sarei indirizzato su altri tabloid. Al momento sfogliando *GQ America* vedo un prodotto che, a mio avviso, non ha mercato: statico, ripetitivo, a tratti noioso e monotono. Dobbiamo cambiare parecchie cose sia sul piano puramente grafico che nella linea editoriale rivolgendoci anche a un pubblico nuovo incentivando il lavoro sui social».

Il mio interlocutore ascolta rapito quello che ho da dire, non vorrei essere offensivo ma stanno facendo un lavoro inadeguato per poter mantenere gli stessi standard qualitativi che potevano vantare con il vecchio direttore artistico.

«Ad esempio, ho potuto sfogliare la copia in uscita e nessun servizio è riuscito a catturare la mia attenzione: un'intervista a un noto showman, qualche anticipazione sulle nuove collezioni moda, un articolo su un'isola talmente costosa alla portata di pochi e un accenno di intrattenimento».

Sollevo lo sguardo dalla copia.

«Perché dovrei, al momento, comprare questo prodotto? Cosa mi offre in più rispetto alla concorrenza?», chiedo rigirandomi tra le dita la mia stilografica.

Il mio nuovo capo si passa la mano sul mento.

«Non posso ribattere, a oggi la nostra rivista è insipida… non ha sapore».

Si alza e, avvicinandosi alla vetrata da cui si gode una meravigliosa vista su Bryant Park, mi dice:

«Mr. Inerton, lo sappiamo entrambi che lei è qui per salvarci il culo quindi, da parte mia, gode di totale fiducia. Può cambiare tutto ciò che vuole: l'impaginazione, le rubriche, perfino l'intero stile editoriale se lo ritiene opportuno».

«Benvenuto a bordo!», dichiara stringendomi con forza la mano.

«Grazie, a questo punto andrei nel mio studio per iniziare».

«Venga Colin, la accompagno direttamente io».

***

Sono seduto alla mia nuova scrivania in quello che è il mio nuovo quartier generale insieme a Ivan, colui che dovrebbe essere il mio assistente.

È un ragazzo giovane, alto e magro, capelli raccolti in un codino, con indosso un vistoso maglioncino rosa di lana di angora.

È considerato uno dei migliori grafici della città nonostante la sua giovane età.

«Allora, alle mie spalle voglio il *flat plan*, lo preferisco fisico piuttosto che digitale; ci dà una mano a individuare la linea tenuta dalla rivista, e anche a decidere gli spazi, tagli e cambi di argomento tenendo visivamente presenti i sedicesimi o gli ottavi di stampa», propongo io.

Il mio assistente mi guarda:

«Capo, dovremo procurarci un pannello… non può tappezzare l'intera vetrata», suggerisce timidamente.

«Certo, telefona a qualche negozio di bricolage e fatti portare un laminato o in alternativa una lavagna».

Poi, grattandomi il naso, aggiungo:

«Altra cosa: sono un soggetto allergico e penso proprio che il soffice pelo del tuo maglione mi faccia prudere le narici. Ti chiederei, dovendo lavorare insieme, di indossare altri materiali».

«Certo capo, nessun problema, era così stiloso che quando l'ho adocchiato in una vetrina dell'Upper East Side sono dovuto entrare a comprarlo».

«Grazie… allora, proviamo a dare un nuovo outfit a questa rivista!», concludo.

Iniziamo subito a buttare giù alcune idee, Ivan è un ragazzo simpatico e disponibile a cui piace lavorare, almeno del mio assistente non posso lamentarmi.

11. Meggy

Trascorro l'intera mattina nel teatro della scuola per le prove, i bambini iniziano a ricordarsi la propria parte anche se uno spazzacamino è caduto rompendo parte della scenografia dei tetti di Londra.

Il caro e simpatico collega di musica mi è stato intorno in modo troppo pressante, proponendomi un caffè, che io ho prontamente rifiutato, nella mia ora buco.

Nel pomeriggio sono dovuta restare al lavoro per sostituire la maestra di arte in una classe. L'attività in programma era quella della *digitopittura*, ovvero utilizzare le dita per disegnare con i colori a tempera gli animali che avevano potuto conoscere nella gita allo zoo.

I bambini si sono divertiti molto e hanno potuto sperimentare nuove tecniche, la sottoscritta invece si è ritrovata delle amabili pennellate multicolore sui jeans e alcune pure tra i capelli.

Adesso capisco perché la mia collega indossa sempre un camice nelle sue lezioni.

Sono appena uscita dalla stazione della metro e a passo spedito mi sto incamminando a casa; ho proprio voglia di riempire la vasca da bagno di schiuma aggiungendo quei rilassanti sali alla lavanda che mi ha regalato mia nonna e leggere qualche pagina del libro.

Appena il signor Rudyard mi vede aprire la pesante porta a battenti si avvicina.

«Miss Clayton, questa mattina sono venuti i tecnici delle caldaie, sono dovuti entrare in tutti gli interni per cambiare alcune valvole che non erano a norma. Mi sono permesso di aprir loro la porta del suo appartamento. Ovviamente sono rimasto lì, sa, di questi tempi non si può mai scommettere sulla correttezza di nessuno».

«Grazie, immaginavo che le avrebbero cambiate... buona serata, Rudyard!»

Salgo in ascensore iniziando già ad assaporare il mio bagno rilassante.

Apro la porta, mi tolgo le scarpe, poso sul comò la mia ingombrante borsa e vado diretta in bagno.

Mi sto già spogliando quando noto che Oscar non è venuto a reclamare le sue consuete coccole.

«Oscar, tesoroooo».

Mi aspetto di vederlo sgattaiolare dalla porta socchiusa e infilarsi tra i miei piedi ma niente.

Chiudo l'acqua e vado a vedere se stesse dormendo nella sua piccola amaca in cucina.

Ma nulla, non è neppure lì.

Faccio un giro della casa, guardo dietro al divano, tra i cuscini, sotto al letto, perfino dentro il mio armadio.

Mi ricordo ciò che mi ha detto il portiere poco fa: stamattina sono entrati nel mio appartamento per quelle valvole, non vorrei che Oscar abbia approfittato della porta aperta per uscire.

Con le pantofole, senza neppure mettermi le scarpe, mi precipito di sotto.

Trovo Rudyard impegnato a parlare con Mr. Disastro.

Mi avvicino e interrompo la loro conversazione:

«Scusatemi se mi intrometto ma penso proprio che Oscar sia scappato approfittando degli operai che sono entrati in casa per sostituire quelle assurde valvole».

Entrambi si voltano a guardarmi.

«Miss Clayton, quando siamo entrati stava dormendo in cucina... mi sembra strano che sia uscito anche perché ho prontamente chiuso la porta», mi spiega il portiere.

«Le assicuro che non è in casa, ho guardato perfino negli armadi!»

Mr. Disastro ascolta perplesso.

«Senta miss Clayton, io vado a vedere nello scantinato, lei inizi a salire a piedi. Deve essere per forza nel palazzo, non può essere di certo uscito», mi rassicura il signor Rudyard.

Faccio per incamminarmi su per le scale quando sento:

«Meggy mi aspetti, vengo a darle una mano».

Colin mi raggiunge con un paio di passi, ha un lieve accenno di barba che devo ammettere gli dà un che decisamente sexy, i capelli leggermente scompigliati e ha ancora indosso lo stesso completo di alta sartoria di stamattina.

«Grazie», mi limito a replicare.

Iniziamo a guardare a ogni piano, ma per adesso anche qui niente.

«Oscar è il suo gatto?», mi chiede.

Un sorriso affiora sulle mie labbra.

«No, nessun gatto. Oscar è un furetto», preciso

«Un furetto?», ripete

«Sì, un dolce quanto brontolone furetto da compagnia. Sono animali molto intelligenti».

Si mette a ridere.

«Mi scusi ma non immaginavo proprio che stessimo cercando un roditore».

«È un mustelide e poi non si deve sentire obbligato ad aiutarmi».

Mr. Disastro si sofferma.

«Mi scusi, Meggy, è che onestamente immaginavo un animale più convenzionale».

Poi, aggiunge:

«Che ne dici se passassimo a toni più amichevoli? Abitiamo nello stesso palazzo, a quanto pare abbiamo anche gli stessi orari e poi, mi hai già tolto dai guai evitando che allagassi l'intero condominio».

Mi volto, sono un paio di gradini più in alto rispetto a lui, mi ritrovo così alla sua stessa altezza e, guardandolo in quegli occhi verdi, quasi turchesi, gli porgo la mano:

«Affare fatto, Colin».

La sua stretta è energica e, sorridendo, puntualizza ridendo:

«Un patto anglo-americano, decisamente interessante!»

Proseguiamo a salire di piano in piano, ma per adesso del mio fidato amico non si scorge neppure un pelo.

Inizio ad avere il fiatone e mi fanno male pure le cosce.

«Tutte queste scale sono equiparabili a una lunga sessione di esercizi in palestra», farfuglio appoggiandomi al corrimano.

«Meglio direi, fare le scale è un esercizio aerobico molto efficace per far lavorare i muscoli delle cosce e dei glutei e riduce la percentuale di problemi cardiovascolari e diabete», chiarisce Mr. Disastro.

Un po' in imbarazzo mi rendo conto di essere stata, per tutto il tempo, alcuni gradini sopra ai suoi mettendogli praticamente sotto al naso il mio fondoschiena fasciato in un paio di jeans su cui svettano pennellate di vernice e adesso lui si mette pure a parlare di glutei!

Passiamo in rassegna tutti i piani e io inizio a essere molto in ansia per Oscar.

«Accidenti dove cavolo può essersi cacciato? Non vorrei che fosse uscito in un momento in cui il signor Rudyard stava facendo qualcosa».

Colin mi guarda e mi mette una mano sulla spalla.

«Stai tranquilla Meggy, sarà di certo nel palazzo».

Ancora un piano ed eccoci al ventitreesimo piano, la porta dell'appartamento di Colin è accostata.

«Ma ti sei dimenticato la porta aperta?», chiedo.

«No, mi stanno montando alcuni arredi. La signora che viene a farmi le pulizie è in casa con loro».

La porta si apre e vediamo uscire un ragazzo che porta con sé alcuni imballaggi.

«Mi raccomando faccia attenzione a smistare i vari materiali in modo corretto: la raccolta differenziata è importante per l'ambiente!», gli rammento io guardandolo entrare nell'ascensore.

Colin si mette a ridere.

«Quasi dimenticavo tutta la storia del pluriball».

«Beh, grazie, a questo punto vado, non saprei proprio dove continuare a guardare».

Faccio per voltarmi quando un grido, proveniente dall'appartamento di Colin, ci fa sobbalzare.

Ci guardiamo e poi Mr. Disastro si precipita in casa. Io mi ritrovo a seguirlo.

Le urla giungono dalla cucina: quella che deduco sia la sua aiutante nelle faccende domestiche, agita una scopa, continuando sempre a gridare una serie di insulti, proprio in direzione di Oscar.

«La prego si fermi, in questo modo non fa altro che spaventarlo!», provo a dire avvicinandomi alla donna che in questo momento sembra un ninja.

«Togliete quel topo dalla mia cucina!», prosegue a farneticare lei.

Colin si avvicina e la invita a uscire dalla stanza e a sedersi sul divano.

Oscar, nel frattempo, si è infilato tra alcuni scatoloni.

Provo ad avvicinarmi anche se so che la cosa migliore sarebbe quella di farlo tranquillizzare.

«Oscar, tesoro, vieni che andiamo a casa… ti ho preparato quelle crocchette che tanto ti piacciono…», sussurro.

Mr. Disastro mi guarda ridendo.

«Pensi che proponendogli un allettante manicaretto si deciderà a uscire?»

Poi, iniziando a spostare alcune scatole ancora imballate, aggiunge:

«Il tuo amico non pare proprio che abbia voglia di ascoltarti, dovresti educarlo, fargli capire che non si può fare sempre ciò che si vuole».

Non ribatto, Oscar è dolce ma è anche, indubbiamente, molto viziato.

«Per favore, dovresti smetterla un attimo di fare tanto rumore, non vorrei che si infastidisse di più».

Colin fa per spostare l'ennesimo scatolone quando Oscar, che si era rintanato dietro di esso, mostrando i denti, con un balzo gli salta addosso.

Sgrano gli occhi, Mr. Disastro sta gridando, cercando di staccarsi di dosso il mio amico che non sembra intenzionato a mollare la presa dal cavallo dei suoi pantaloni.

12. Colin

Sono in auto, l'autista mi sta riaccompagnando a casa dopo questa bizzarra giornata di lavoro.

Mi ha fatto piacere che Mr. Gardic mi abbia dato fiducia non ponendo limiti al mio lavoro e devo pure ammettere che Ivan, il mio assistente, anche se giovane, è uno strepitoso grafico con tante idee interessanti. Se non fosse stato per quel suo maglione che mi ha scatenato un'allergia assurda, potrei dire di essermi quasi divertito.

Il lavoro da fare è tanto ma quello già lo sapevo nel momento in cui ho accettato questo incarico.

L'Audi si ferma, ringrazio il mio autista e mi appresto a entrare nell'elegante palazzo.

«Mr. Inerton, buonasera. I tecnici hanno sostituito alcune valvole anche nel suo appartamento, ho dato tutto il materiale alla signora che stava facendo le pulizie».

La porta dell'ascensore si apre e vedo uscire Miss Clayton, capelli scompigliati, dei jeans sui quali fanno bella mostra di sé numerosi schizzi di tinta colorata e ai piedi quelle sue buffe pantofole pelose, che trafelata si avvicina:

«Scusatemi se mi intrometto ma penso proprio che Oscar sia scappato approfittando degli operai che sono entrati in casa per sostituire quelle assurde valvole».

Il signor Rudyard le parla di qualcuno che stava dormendo tranquillo in cucina, probabilmente un gatto, e poi si offre di darle una mano andando a vedere negli scantinati, lei invece si appresta a salire dalle scale.

«Meggy mi aspetti, vengo a darle una mano».

La seguo, i miei occhi si ritrovano a osservare alcune pennellate di vernice azzurra proprio sulle tasche dei suoi jeans e devo ammettere che la vista da qui è decisamente piacevole.

Tra un piano e l'altro mi informa che Oscar, il suo fidato amico, è un furetto: mi chiedo chi possa decidere di tenere in casa un animale del genere...

Quando arriviamo sulla porta del mio appartamento non siamo, ancora, riusciti a scovare il fuggiasco.

«Beh, grazie, a questo punto vado, non saprei proprio dove continuare a guardare».

Fa per voltarsi quando delle grida ci fanno sobbalzare.

Subito mi precipito in casa.

Quello che ci ritroviamo a osservare è quasi surreale o addirittura da pazzi: la mia domestica, Mrs. Prickest sta agitando la scopa, continuando a ripetere insulti, verso quello che deduco sia proprio Oscar.

«La prego si fermi, in questo modo non fa altro che spaventarlo!», continua a ripetere Meggy.

«Signora Prickest per favore, mi dia retta, venga a sedersi!», la esorto io sospingendola verso il salotto.

Quando rientro in cucina, l'animale si è nascosto tra alcune scatole e la sua padrona sta provando a "trattare" con lui proponendogli allettanti manicaretti.

«Il tuo amico non pare proprio che abbia voglia di ascoltarti, dovresti educarlo, fargli capire che non si può fare sempre ciò che si vuole», mi intrometto io spazientito cominciando a spostare alcuni scatoloni ancora imballati.

Uno rientra a casa con la voglia di potersi rilassare con un libro e un bicchiere di Chardonnay e invece si ritrova un furetto impazzito tra i piedi! Penso muovendo un altro cartone.

Nel frattempo l'animale, mostrandomi i denti, si scaglia sul sottoscritto.

Avverto subito una fitta da togliere il fiato proprio alle mie parti basse. Dal dolore mi metto a gridare, provo a strapparmelo di dosso, ma nulla, lui sembra non essere affatto intenzionato a mollare la presa.

Meggy si avvicina, non riesco nemmeno a capire cosa cavolo stia dicendo, so soltanto che potrei svenire.

Lei si protende verso l'animale e riesce a farlo desistere staccandolo dai miei testicoli.

Io mi accovaccio sul pavimento, cercando di concentrarmi sulla respirazione.

«Colin, Colin, per favore di' qualcosa».

Apro gli occhi, noto il volto, visibilmente in ansia, di Meggy.

Non parlo, lentamente il dolore sta scemando.

«Scusami... davvero, non riesco a capire perché ti abbia assaltato in questo modo», cerca di scusarsi lei tenendo in braccio quella sorta di predatore.

«Per favore, allontana quell'animale», mi limito a replicare provando a mettermi seduto.

La vedo uscire dalla stanza, sento un tramestio, una porta che si chiude e poi la voce di Mrs. Prickest alle mie spalle.

«Mr. Inerton, come sta? Vuole che chiami un medico?», mi domanda.

«No, la ringrazio anzi, considerata l'ora, vada a casa... ha fatto gli straordinari».

La donna mi guarda da dietro le lenti degli occhiali.

«Si riposi e mi dia retta: non dia troppo confidenza a quella ragazza. Per tenere in casa un animale simile deve essere alquanto bizzarra!»

Si volta e dopo alcuni istanti sento di nuovo la porta chiudersi.

Mi alzo, la parte è ancora piuttosto dolente. Mi faccio coraggio e vado al bagno per constatare eventuali ferite.

La zona appare lievemente gonfia, probabilmente comparirà un livido, ma non dovrebbe essere niente di che.

Mi metto il pantalone di una tuta e una t-shirt e mi butto sul divano quando sento suonare il campanello.

E adesso chi cavolo è? Penso sbuffando.

Apro la porta e mi ritrovo davanti Meggy, con lo smartphone in mano, che senza darmi il tempo di dire qualcosa entra in casa.

«Allora, sto dando un'occhiata su Google... a quanto pare potresti avere una frattura del pene o una lesione ai testicoli. Per la frattura, per prevenire una disfunzione erettile è necessario un intervento. Per una lesione ai testicoli, per confermare la rottura di uno di essi, serve un'ecografia. Non vorrei aver compromesso la tua fertilità, scusa, scusa davvero. Adesso chiamo un'ambulanza», farnetica lei passandosi la mano sul viso.

Le tolgo il cellulare di mano e non posso fare a meno di mettermi a ridere.

«Scusa, ma sei davvero incredibile, è impossibile non ridere».

Lei mi guarda.

«Non vedo cosa ci sia di tanto di divertente! Quando sono uscita dal tuo appartamento eri disteso sul pavimento che gridavi in preda al dolore».

«Sai, ti ricordo che il tuo animale da compagnia non voleva staccarsi dal...»

«Sì, sì, non ricordarmi la scena», mi interrompe lei.

«Beh, appurato che non devo sentirmi responsabile dei tuoi possibili problemi andrologici, posso tornare al mio bagno rilassante. Buona serata, Colin e... scusa ancora».

Fa per uscire quando la trattengo per la spalla.

«Senti Meggy, per scusarti del piccolo incidente domestico di poco fa, dovresti farmi un favore».

Sembra non capire.

«Dimmi pure, non riesco proprio a immaginare quale favore potrei farti», precisa.

Avvicinandomi, inizio a dire:

«Sono in città per rifare completamente il look a una prestigiosa rivista».

Mi interrompe ancora.

«Non penso di avere le nozioni per darti una mano».

«Aspetta, fammi parlare», la redarguisco io.

«Allora, ti stavo dicendo che sono a New York per cambiare la linea editoriale di un tabloid, avrei in mente di aggiungere una nuova rubrica con i luoghi insoliti e poco turistici, ma al contempo degni di interesse, delle grandi città... iniziando proprio da qui, da New York».

Mi guarda.

«Non capisco in cosa potrei esserti utile. Sono una maestra, non una guida turistica».

«Proprio per questo, non mi serve uno del settore che mi faccia vedere il museo di storia naturale o Time Square, ma qualcuno che ci abiti, che conosca la città e le sue usanze. Non voglio la solita guida che puoi trovare in libreria, voglio carpire l'essenza di questa città».

Meggy sembra riflettere.

«Affare fatto! Anche se non ho idea di quanto farò al caso tuo... sappi che lo faccio solo per scusarmi per il piccolo inconveniente di poco fa», dichiara porgendomi la mano per sancire questo accordo.

«Ah, una cosa... ti posso offrire il mio aiuto nel weekend, durante la settimana, come sai, lavoro a scuola».

«Nessun problema».

Restiamo così per qualche istante, sulla porta del mio appartamento.

«Allora buonanotte», mi dice.

«Buonanotte, Meggy».

Si chiude la porta alle spalle, non ho idea del perché le abbia fatto questa stupida proposta; l'idea di questa nuova rubrica mi è venuta tornando a casa poco fa, osservando il traffico nelle strade all'ora di punta.

Prendo un bicchiere di vino e mi lascio cadere sul divano con uno stupido sorriso sulle labbra.

13. Meggy

Sono seduta alla penisola della cucina con un infuso rilassante e qualche biscotto al cioccolato e cocco.

Oscar, stremato da questa giornata, è subito andato ad acciambellarsi nella sua amaca; non riesco a credere che abbia morso Mr. Disastro, non aveva mai fatto una cosa del genere prima.

Ha sempre avuto un carattere po' particolare, mai disturbarlo quando riposa e mai mettere le mani nella sua ciotola quando sta mangiando, ma non aveva mai azzannato nessuno.

Se ripenso a poco fa, adesso che tutto si è sistemato, quasi mi viene da ridere!

Oscar attaccato ai suoi pantaloni e Colin che sbraitava come un pazzo.

Indubbiamente non ha avuto uno dei migliori "benvenuti" in città, prima gli si allaga casa e poi un furetto impazzito gli morde i testicoli.

Non voglio neppure immaginare cosa gli sarebbe potuto accadere a causa del morso!

Prima di andare a letto vado in bagno per asciugarmi i capelli, un tempo potevo anche andare a dormire coi capelli fradici e spesso al college l'ho fatto, ma adesso, a trent'anni, se solo sono umidi mi sveglio con le spalle e la cervicale bloccate.

Mi infilo nel letto e mi ritrovo a pensare alla proposta, o meglio, al favore che mi ha chiesto Colin.

Dove potrei portarlo? Mi ha chiesto luoghi particolari e interessanti ma allo stesso tempo non le classiche mete turistiche che vengono propinate ai viaggiatori nei tour di New York.

Ho già qualcosa in mente, di certo andremo negli angoli della città che più amo.

Beh, in fin dei conti, Mr. Disastro non è poi così antipatico soprattutto se non consideriamo la questione del pluriball e il suo impatto sull'ambiente.

Rispetto agli altri inquilini del ventitreesimo piano, con Colin siamo decisamente migliorati...

***

Come tutte le mattine faccio la mia consueta colazione e, afferrata la shopper, esco di casa.

Stamattina con i bambini abbiamo in programma un'uscita didattica, esperienze divertenti per gli alunni ma decisamente impegnative per gli insegnanti che devono avere non due ma almeno un centinaio di occhi sempre aperti.

Chiamo l'ascensore, dopo alcuni istanti le porte automatiche si aprono.

«Buongiorno, Meggy!»

Colin, vestito di tutto punto, mi guarda sorridendo e cavolo... devo proprio ammettere che è davvero un piacevole buongiorno.

«Buongiorno, Colin», replico io sistemandomi la sciarpa.

«Spero che tu stia meglio», aggiungo ritrovandomi ad abbassare lo sguardo proprio sulla zona in questione.

«Decisamente meglio... il tuo scontroso amico invece si è calmato o anche oggi tenterà di evirare qualcun altro?»

Non posso fare a meno di mettermi a ridere.

«Mi auguro di no, anche perché ha soprattutto contatti con donne... gli unici uomini che entrano in casa sono mio padre e Stuart».

Le porte si aprono.

«Prima le signore!», interviene indicando la porta.

Faccio una sorta di riverenza e saluto il signor Rudyard già alle prese con una luce al led.

«Buona giornata, Miss Clayton».

Poi, rivolgendosi a Colin, precisa:

«Mr. Inerton il suo autista la sta aspettando».

Usciamo in strada, Colin si sofferma prima di salire in auto.

«Allora ti auguro una piacevole giornata, Meggy e... ricordati di non prendere impegni nel weekend».

«Tranquillo, rispetto sempre gli accordi».

Stringendomi nel cappotto, aggiungo:

«Ci vediamo in giro».

Mi volto e mi dirigo a prendere la metro.

***

Durante il tragitto in treno mi ritrovo ancora a pensare a Mr. Disastro e alla sua proposta. Devo ammettere che l'idea per la sua rubrica mi piace molto anche se forse avrebbe dovuto chiedere a qualcuno che si occupa di turismo.

Tra la moltitudine di persone che si riversano al mattino nella rete metropolitana di New York, riesco a uscire dalla caotica stazione della 86th Street e a passo spedito mi dirigo a scuola.

«Ehi Meggy, aspettami...», sento alle mie spalle, riconoscendo già la voce della mia amica Liv.

«Stamattina sono venuta direttamente a piedi, ieri sera sono rimasta a dormire dai miei. Poter evitare di cominciare la giornata destreggiandosi con i mezzi pubblici è decisamente rilassante!», esclama lei dandosi una ritoccata al rossetto.

So già che non la smetterà più di prendermi in giro ma non posso non raccontarle di Colin e del morso di Oscar, così inizio a dire:

«Avrei una cosa da raccontarti ma devi garantirmi che manterrai una certa serietà».

La mia amica rallenta il passo per potermi guardare negli occhi.

«Non dirmi che dopo anni hai finalmente deciso di darla a quel poveretto di Jeremy?»

La interrompo prima che aggiunga altro.

«Il nostro collega non fa parte della storia che sto per raccontarti e neppure il sesso se è questo ciò a cui stai pensando».

«Su, muoviti, tra un po' siamo a scuola e ci aspetta una meravigliosa gita al giardino zoologico», mi rammenta lei.

Le racconto così della fuga di Oscar e di Colin che si è offerto di darmi una mano fino al momento clou di tutta la serata.

«Nooo, non ci posso credere! Oscar ha azzannato il nuovo affascinante inquilino del ventitreesimo piano proprio lì sotto? Non oso immaginare il dolore!»

«Ero imbarazzata, Oscar non aveva mai fatto una cosa del genere!»

Le racconto anche della stramba proposta che mi ha fatto.

«Cara Meggy se dopo che un tenero furetto ti azzanna i testicoli, tu proponi alla sua padrona di uscire, significa solo una cosa: il nuovo inquilino ha una cotta per te».

«Ma sei matta? Mr. Disastro non ha affatto una cotta per me! Mi ha semplicemente chiesto di dargli una mano».

La mia amica mi guarda.

«Mr. che?»

«Da quando ha tentato di allagare l'intero palazzo l'ho soprannominato Mr. Disastro».

«Mah, noto una certa attinenza con Mr. Darcy, a mio avviso il tuo inconscio avrebbe preferito dar lui il nome del tuo romantico eroe inglese ma poi ha ripiegato su Mr. Disastro».

Mi metto a ridere.

«Da quando sei diventata anche una psicanalista? Su vieni, entriamo che l'*Arpia* starà già verificando che nessuno arrivi in ritardo».

La mia amica si volta e, salendo l'imponente scalinata del dipartimento scolastico, dichiara:

«Magari hai finalmente trovato il tuo Mr. Darcy, se non sbaglio anche il nuovo inquilino è inglese!»

Le do una pacca sulla spalla.

«Smettila di dire sciocchezze».

***

Dopo aver girovagato tra orsi grizzly, otarie, animali tropicali e pinguini, e aver rincorso i bambini per evitare che qualcuno decidesse di farsi un bagno con i leoni di mare, stiamo aspettando di poter ammirare la parata.

Appena si iniziano a sentire le note di una melodia, i miei piccoli alunni, divertiti e con i nasi all'insù, osservano l'esibizione degli animali di bronzo che ogni ora viene proposta all'orologio Delacort.

Wendy si avvicina:

«Miss Clayton, perché non usano degli animali al posto di queste statue?»

Mi chino per essere alla sua stessa altezza.

«Tesoro, gli animali devono fare gli animali e non mettersi a danzare a ritmo di musica. Su, adesso incamminiamoci per rientrare a scuola».

A fatica, con i miei colleghi, riusciamo a mettere i bimbi in fila e ci apprestiamo a uscire dal parco.

Dei tiepidi raggi iniziano a riscaldare, sento la voce di Liv richiamare all'ordine alcuni allievi, sorrido guardando la fila dall'aspetto assai disordinato e le risate dei bimbi.

Dopo aver riconsegnato i bambini alle proprie famiglie, approfittando della giornata mite, decido di fare una passeggiata per Central Park.

Gli alberi sono ancora spogli anche se si cominciano a intravedere le nuove foglie; cammino assaporando questo magico angolo della città.

Questo parco è un luogo che amo pazzamente in ogni stagione, potrei passarvi ore anche soltanto a osservare gli alberi tinti con le loro meravigliose sfumature.

Non so perché ma subito mi ritrovo a pensare a Mr. Disastro e alla sua stramba proposta; di certo quando gli dirò che voglio condurlo proprio qui penserà che non abbia chiaro il concetto di "luogo poco turistico". Invece si sbaglia, perché questo parco offre angoli poco frequentati dai viaggiatori ma allo stesso tempo meravigliosi.

Uscendo sulla 96th mi dirigo alla stazione della metro, dopo tutto questo camminare i piedi iniziano a dolermi.

Quando apro le porte a battenti del palazzo in Riverside Drive, i miei occhi, non so perché, sperano tanto di vedere

Colin intento a scambiare qualche chiacchiera con il signor Rudyard.

Delusa mi avvicino all'ascensore quando alle mie spalle riconosco quell'inconfondibile accento inglese.

Mi volto, Mr. Disastro ha appena aperto la porta e sta parlando al cellulare.

I nostri occhi per un istante si incrociano, io in modo repentino sposto subito lo sguardo sull'indicatore di piano.

Lo sento chiudere la chiamata e avvicinarsi.

«Buonasera Meggy, a quanto sembra abbiamo proprio gli stessi orari sia al mattino che dopo il lavoro, il tragitto in ascensore sta diventando un nostro appuntamento fisso», esordisce lui aprendosi la giacca.

Saliamo sul moderno elevatore.

«Allora, hai già in mente dove mi porterai?», mi chiede passandosi la mano sul mento.

«Diciamo che ho già qualche idea», gli rispondo mettendomi a rufolare nella shopper per trovare le chiavi.

«Mi chiedo come facciano a sparire di continuo», farnetico io iniziando a tirare fuori varie cose.

«Forse perché nelle borse, le donne mettono di tutto», replica lui.

Sollevo lo sguardo.

«Stando fuori per tutta la giornata qualcosa mi dovrò pur portare, ovviamente si tratta di generi di prima necessità!», controbatto io tirando fuori proprio una bustina di lozione idrante per le mani.

Colin osservando il piccolo dispenser si mette a ridere.

«Prima necessità, eh».

«Mai sottovalutare la pelle screpolata!»

Le porte automatiche si aprono.

«Buona serata, Meggy».

«Buona serata anche a te… ci vediamo».

Resto lì, con un campione gratuito tra le mani a fissare i suoi occhi verdi mentre le porte si richiudono.

Rovistando ancora ecco che vedo le chiavi: stasera non ci sono per nessuno, mi rilasserò facendo un bagno detox, assaporando vino e rileggendo uno dei libri della “mia” Jane.

14. Colin

Sono seduto al tavolo della sala, portatile aperto, un bicchiere di Pinot e un piatto di sushi da assaporare proseguendo a lavorare.

Devo ammettere che nonostante l'impostazione della giornata lavorativa, decisamente più rilassante e con ritmi calmi, stiamo "ristrutturando" la rivista in modo da renderla più accattivante.

Sento squillare il cellulare, riconosco subito quel numero, non ho alcuna intenzione di rispondere.

Innervosito mi alzo, prendo le stoviglie e le infilo nella lavapiatti. Mi avvicino alla portafinestra che dà sulla terrazza e mi soffermo a osservare la strada.

Poche auto, qualche passante che cammina di fretta e un ragazzo con il suo cane.

Questa parte della città mi piace, è tranquilla e non molto distante da Central Park, una delle poche cose che mi piacciono di New York.

Non so perché ma mi ritrovo a pensare a Meggy, è decisamente stravagante ma sembra simpatica anche se mi chiedo come possa aver scelto per animale domestico proprio un furetto. Le persone normali hanno un cane, un gatto, un pesce rosso, una tartaruga, magari quelle più eccentriche un coniglietto ma quella sorta di roditore proprio no.

Guardo il cellulare, vedo alcuni messaggi dallo stesso numero che mi ha chiamato poco fa, io senza neppure aprirli li cestino. Non ho nulla da dire né tantomeno ho intenzione di stare a sentire cosa voglia… quella persona deve stare il più lontano possibile dal sottoscritto.

Mi infilo nel comodo letto king size e, non riuscendo a prendere sonno, concentro la mia attenzione nella lettura di un giallo.

Devo aver letto parecchio, quando mi sveglio il libro è caduto sul tappeto e l'abat-jour è ancora accesa.

Guardo l'orologio, posso permettermi di restare a letto ancora un po'.

***

Cambiare l'outfit di una rivista non è mai semplice, Ivan è riuscito a farmi avere una grande lavagna dove, adesso, è affisso il nostro *flat plan*. Sono seduto alla mia scrivania, lo sto osservando e devo convenire che al momento lo ritengo un lavoro valido.

Butto un occhio allo smartphone, anche oggi ho fatto tardi, penso di essere rimasto solo io e Ivan in tutto il piano.

«Vai a casa, è da stamattina che non alzi il capo da quel computer», gli suggerisco.

Il giovane mi guarda.

«Capo, faccio ancora qualche piccola modifica e vado, tanto a casa non ho nessuno ad aspettarmi... solo quando vado a cena dai miei a Little Italy cerco di uscire in orario. Piuttosto, la sua fidanzata si lamenterà che fa sempre tardi, le donne non vogliono sentirsi messe dopo il lavoro».

Scoppio a ridere.

«Sei decisamente saggio Ivan, ma non corro questo rischio... non ho alcuna fidanzata che potrebbe arrabbiarsi. Su, adesso chiudiamo i pc e andiamocene», decido io.

Mi infilo la giacca e attendo che il mio assistente spenga il suo computer.

«Capo, io porterei la copia digitale del *flat plan* a casa, così in questi giorni vedo di metterci mano».

Improvvisamente mi ricordo che la settimana lavorativa è finita e che ci attende un weekend di relax.

«Certo, fai pure quello che credi, poi lo rivediamo insieme».

Chiudiamo la porta dell'ampio open space, in tutto il piano non si sentono rumori, probabilmente sono in pochi ad aver voglia di restare al lavoro fino a tardi anche oggi.

«Programmi per questi giorni di riposo?», mi chiede premendo la bottoniera dell'ascensore.

Questa sua domanda mi rammenta che dovrei vedermi con Meggy.

«Mah, non ne ho idea... forse mi chiuderò in casa e riaprirò la porta solo per tornare al lavoro».

«Io invece spero tanto di riuscire a comprare i biglietti per la prima a Broadway di Cenerentola, mettono in vendita i biglietti da mezzanotte».

Le porte automatiche si aprono.

«Buon weekend, capo!», mi augura il mio giovane assistente incamminandosi per la 42nd Street.

«Pure a te, Ivan».

Salgo in auto e approfittando del tragitto ordino del sushi, non ho di certo voglia di mettermi a cucinare anche solo un piatto di pasta o un toast.

Non avendo il numero di Meggy spero tanto di incontrarla per poterci così accordare per la nostra uscita anche se questo, so già, non è l'orario in cui rientra a casa.

Guardo le strade della città ancora affollate e provo a rilassarmi un attimo.

Appena entro nel palazzo di Riverside Drive mi rendo conto che le mie previsioni erano esatte: questo non è assolutamente il suo orario.

Prendo l'ascensore e il mio dito decide da sé di non digitare il ventitreesimo piano.

Le porte automatiche si aprono, resto qualche istante a fissare il campanello prima di suonare.

Aspetto un attimo, magari non è neppure in casa, probabilmente sarà in qualche locale alla moda con le sue amiche o magari con un amico.

Faccio per voltarmi quando la porta si apre.

Miss Clayton con un pigiama su cui svetta un koala rosa shocking e una strana poltiglia sul viso dello stesso colore, solo di una tonalità leggermente diversa, mi guarda con una tazza in mano.

«Colin?», domanda lei in imbarazzo.

«Non volevo disturbarti è che, non avendoti più incontrata in ascensore e non avendo neanche il tuo numero, non sapevo come poterti parlare».

Poi, vedendo spuntare da dietro i suoi piedi quella sorta di temibile mustelide, aggiungo:

«Forse è meglio che vada, non penso che il tuo amico sia molto contento di rivedermi».

Si china e afferra l'animale.

«Un attimo che lo metto in una stanza».

Eccola che ritorna

«Entra pure, tanto Oscar è chiuso in cucina, per il momento non riesce ancora ad aprire le porte quindi dovresti poter stare tranquillo».

Sorrido seguendola in un open space simile al mio solo decisamente più piccolo.

«Posso offrirti qualcosa? Anche se in realtà penso di avere solo vari tipi di tisane».

«Grazie ma devo ancora cenare, in questi giorni sono rimasto al lavoro fino a tardi».

Poi aggiungo:

«Sono passato per ricordarti della nostra gita turistica "poco turistica"».

Si mette a ridere.

«Tranquillo non me ne ero scordata e posso pure dirti che so già dove ti porterò!»

Uno squillo mi fa sobbalzare.

«È il timer per la maschera», precisa lei.

La guardo, è davvero buffa.

«Beh, allora io vado ad attendere che mi portino il mio sushi. Buona serata, Meggy».

«Anche a te».

Sta per chiudere la porta quando dichiara.

«Mi raccomando, per la nostra gita metti delle scarpe comode e... non fare una colazione troppo abbondante».

Devo ammettere che miss Clayton è una delle donne più strambe in cui mi sia mai imbattuto, ma forse questa è solo una mia impressione.

15. Meggy

Sto aspettando di togliermi la maschera detox all'argilla rosa, che mi ha portato Jenna da uno dei suoi viaggi, quando sento suonare.

Mi chiedo chi sia, magari è il signor Rudyard che vuole dirmi qualcosa.

Aprendo la porta, mi trovo davanti Mr. Disastro.

«Colin?», domando io sgranando gli occhi.

Lui mi guarda, probabilmente non saprà come fare a non ridere, vedendomi conciata in questa maniera.

«Non volevo disturbarti è che, non avendoti più incontrata in ascensore e non avendo neanche il tuo numero, non sapevo come poterti parlare», dichiara sorridendo.

Lo guardo, ha un lieve accenno di barba di qualche giorno che, confermo, gli dà un aspetto estremamente affascinante anche se appare un po' stanco. Indossa come sempre uno dei suoi soliti completi di alta moda e continua a fissarmi con quegli stupendi occhi verdi.

Oscar, richiamato dalle nostre chiacchiere, fa capolino da dietro i miei piedi.

«Forse è meglio che vada, non penso che il tuo amico sia molto contento di rivedermi».

Afferro Oscar che mi guarda con quegli occhietti furbi.

«Mi dispiace ma devi restare qua, l'altro giorno non ti sei comportato in modo educato con Colin, potevi pure mandarlo all'ospedale», rammento io al mio piccolo amico sistemandolo sulla sua amaca.

Colin è sempre sul pianerottolo.

«Entra pure, tanto Oscar è chiuso in cucina, per il momento non riesce ancora ad aprire le porte quindi dovresti poter stare tranquillo».

Gli faccio strada in salotto, tutto è abbastanza in ordine e stranamente sul divano non svetta la consueta pila di panni lavati da piegare.

Non so cosa dire così, tanto per non restare zitta gli chiedo se vuole qualcosa, anche se in casa non penso di avere molto da offrirgli se non qualche strana tisana dal gusto improbabile.

«Sono passato per ricordarti della nostra gita turistica "poco turistica"».

«Tranquillo non me ne ero scordata e posso pure dirti che so già dove ti porterò!»

Il suono del timer mi ricorda che ho ancora sul viso la mia maschera disintossicante; me ne ero completamente scordata!

Non posso credere di aver aperto a Colin con questo miscuglio sul viso, penserà che sono solo una svitata che condivide il suo appartamento con un altrettanto pazzo e violento mustelide!

«Beh, allora io vado ad attendere che mi portino il mio sushi. Buona serata, Meggy».

Sto per chiudere la porta quando affermo:

«Mi raccomando, per la nostra gita metti delle scarpe comode e... non fare una colazione troppo abbondante».

Mi rivolge uno di quei suoi sorrisi accattivanti:

«Buonanotte, Meggy».

Vado di corsa in bagno per sciacquarmi dal viso la maschera che ho tenuto oltre il normale tempo di posa e devo ammettere che Mr. Disastro è indubbiamente un uomo affascinante anche se ha un grosso "neo": è inglese, dal temperamento nettamente anglosassone.

***

Quando mi sveglio vado subito a dare un'occhiata dalla finestra: sembra una meravigliosa giornata di fine inverno e sugli alberi stanno già spuntando le nuove foglie.

È proprio la giornata adatta per una passeggiata a Central Park.

Faccio una colazione decisamente più sbrigativa rispetto a quelle che sono solita concedermi nel weekend e corro in camera per vestirmi: un comodo leggings termico — perché diciamolo, qui le temperature sono ancora piuttosto basse — una comoda maxi maglia rosa, sciarpa, sneakers e, infilato il cappotto, mi appresto a uscire.

Appena le porte automatiche dell'ascensore si aprono ecco che scorgo Mr. Disastro intento a guardare lo smartphone. Non deve avermi sentito così, prima di avvicinarmi, mi godo un istante questa vista. È in piedi vicino alla vetrata, i capelli leggermente scompigliati di chi ha deciso di stare alla larga dal pettine, sul capo degli occhiali da sole, ha indosso un giubbotto sportivo e dei jeans, un abbigliamento insolito per lui sempre vestito con eleganti completi. Mi avvicino, deve essersi appena fatto la barba perché il suo viso appare liscio, avverto l'odore di quello che deve essere il suo after-shave.

«Buongiorno, spero di non averti fatto aspettare», intervengo io sistemandomi la mia *Miu Miu* rosa shocking sulla spalla.

Solleva subito lo sguardo dal cellulare.

«Oh, Meggy, non ti avevo neanche sentita arrivare».

Poi, passandosi la mano sul mento, aggiunge:

«Tranquilla sono sceso da poco, ne approfittavo per dare un'occhiata alle e-mail».

Mi abbottono il cappotto.

«Ti dico subito che dovremo camminare parecchio quindi mi auguro che tu abbia messo delle scarpe comode», dico abbassando gli occhi sulle sue *Converse*.

«Nessun problema, sono abituato a "macinare" molti chilometri».

Usciamo per strada, è una giornata tersa, nessuna nube spunta tra gli alti palazzi e il sole riesce appena a riscaldarci il viso.

«Allora ti informo subito che non sono un fan di questa città, se non fosse stato per il lavoro questa non sarebbe di certo stata una meta per le mie vacanze», puntualizza subito lui mettendosi gli occhiali da sole.

Mi volto appena per guardarlo.

«Impossibile non amare New York, sono certa che riuscirò a farti cambiare idea!»

Si mette a ridere.

«Dici? Io non ne sarei tanto certo... allora miss Clayton dove hai intenzione di portarmi per farmi apprezzare la città?»

Mi soffermo.

«Se non sbaglio hai detto che vuoi vedere dei luoghi poco turistici ma che al contempo ti facciano assaporare l'essenza di New York...»

«Esatto, proprio questo».

Continuiamo a camminare fino alla stazione della metro.

«Vuoi per caso farmi fare un giro della metropolitana?», mi domanda.

«Assolutamente no, però, per assaporare la città devi destreggiarti anche tra le sue linee, non puoi dire di amare New York se non la usi».

Scendiamo ai treni, gli porgo un biglietto.

«Ne tengo sempre qualcuno nel portafogli... vieni, saliamo».

Riusciamo anche a sederci sulle logore poltroncine.

«Posso chiederti perché non ami questa città?»

Colin, incrociando il mio sguardo, sentenzia:

«Ognuno ha i suoi gusti, preferisco altre città, altre culture».

Stizzita, gli dico:

«Beh, tanto perché tu lo sappia, io non sopporto l'Inghilterra, Londra e gli inglesi».

Si mette a ridere.

«Strano perché l'altro giorno in ascensore, mentre cercavi le chiavi, mi sembrava proprio di aver notato, in quella tua sorta di borsa, una copia di *Orgoglio e pregiudizio*... mi sembra di ricordare che Jane Austen sia proprio inglese!»

«Amare i romanzi di Jane non significa dover apprezzare anche l'Inghilterra e i suoi abitanti. Piuttosto, dobbiamo scendere, direi di rimandare questa discussione», esclamo io alzandomi.

Colin mi guarda:

«Ma questa è la fermata di Central Park! Non dirmi che stiamo andando proprio lì».

Mi volto e, soddisfatta, esclamo:

«Se non passeggi per Central Park non puoi dire di aver davvero conosciuto New York».

Fa per dire qualcosa ma aggiungo:

«Non lamentarti e seguimi, sono certa che non sei mai venuto in questo angolo della città!»

***

Attraversiamo la 110th Street e ci apprestiamo a entrare nel parco. Passeggiamo tra i vialetti ancora poco affollati, per un po' nessuno dice niente, ci limitiamo a camminare ascoltando solo i rumori del parco.

«Allora cosa mi racconti di te?», mi chiede.

«So solo che abiti in Riverside Drive, hai un affabile furetto e ami i romanzi di Jane Austen».

Mi volto appena.

«Che altro potrei aggiungere? Sono una maestra alla Primrose School e amo follemente New York. E tu invece cosa mi riveli del misterioso inquilino del ventitreesimo piano?»

Vedo affiorare un sorriso sulle sue labbra e accidenti, devo ammettere che, con i capelli leggermente scompigliati dal vento mattutino e il viso baciato da questi tiepidi raggi, è davvero affascinante.

«Beh, posso dirti che sono inglese e che amo pazzamente Londra», mi imita lui, poi prosegue, «lavoro per una nota rivista e non credo proprio che una maestra newyorkese riuscirà a farmi cambiare idea su questa città».

Mi metto a ridere.

«Beh, fossi in te non ne sarei tanto certo... so essere molto convincente!»

Continuiamo a passeggiare, superiamo una North Meadow stranamente tranquilla e proseguiamo fino alla pista da jogging.

Qui si iniziano a incrociare diversi ragazzi che, approfittando di questa tiepida giornata, fanno un po' di corsa.

«Allora, se tu non lo sapessi questa è la pista da jogging più famosa di tutta la città, anche molti attori vengono qua a correre. Se sei uno sportivo, ti suggerisco di fare il giro completo del laghetto, ti farà sentire un autentico newyorkese».

Mi sistemo la sciarpa e continuo:

«Il lago attorno al quale si estende la pista fu realizzato come riserva d'acqua per Manhattan, oggi invece non ha più questo utilizzo ma in compenso ospita molti animali e uccelli.

Continuiamo a passeggiare, ci ritroviamo proprio nei pressi della scalinata che conduce al Belvedere Castle.

«Vieni saliamo, vedrai, la vista è davvero impareggiabile».

Iniziamo a salire fino a raggiungere la terrazza, i turisti sono ancora pochi.

«Ecco, questo è uno dei punti panoramici più famosi del parco, ci sei mai stato?»

Colin, si volta appena.

«Onestamente no, sapevo della sua esistenza ma non mi ero mai avventurato fin qua».

Sorrido.

«A questo punto direi di proseguire entrando anche nel castello».

Non dice nulla, si limita a seguirmi al suo interno; saliamo la stretta scala che conduce sulla sommità della torre.

Mi avvicino al parapetto, Colin fa lo stesso. Un leggero vento ci accarezza il viso scompigliandoci i capelli.

«Non è meraviglioso?», gli domando perdendo lo sguardo oltre il parco dove si stagliano i grattacieli di Manhattan.

Poi proseguo:

«Vuoi che ti racconti la storia del castello?»

Senza dire niente si limita ad annuire.

«Devi sapere che questa struttura nel progetto originale, oltre all'ampia terrazza e i suoi padiglioni avrebbe dovuto includere un castello con due torri poi, a causa degli alti costi, si limitarono a costruirne una soltanto. Il National Weather service iniziò poi a usare la torre del Belvedere Castle per le misurazioni del vento e fu proprio lui a farvi costruire porte e finestre diventando la nuova stazione metereologica. Quando poi trasferirono i loro uffici, il castello cadde in uno stato di degrado ma fortunatamente il Central Park Conservancy sovvenzionò il suo restauro facendolo diventare un Centro Visitatori. Questo luogo è utilizzato spesso per avvistare gli uccelli che popolano il parco e poi, anche se non mi sembri il tipo che guarda queste cose alla tv, nel film dei *Puffi* il castello è il centro operativo di Gargamella!»

Protendo il braccio oltre il parapetto:

«Guarda, quello è Turtle Pound e l'altro il Delacorte Theater!»

Mi volto, Colin mi sta guardando.

In imbarazzo, sposto lo sguardo.

«Sai, è bello starti ad ascoltare, si percepisce tutto il tuo amore per questo luogo».

«Diciamo che amo la mia città».

«Immagino che i tuoi alunni adoreranno le tue lezioni... sai, penso che pure io avrei voluto avere un'insegnante come te!»

«Beh, grazie».

Poi, dando un'occhiata all'orologio, propongo:

«Direi di scendere, il parco offre ancora tanti luoghi interessanti».

Mi volto e noto che Colin mi sta ancora fissando.

16. Colin

Mi ritrovo ad ascoltare rapito quanto sta dicendo Meggy, nelle sue parole si percepisce tutta la sua passione per questo parco, per New York.

Il vento le scompiglia i capelli, noto delle piccole lentiggini sul suo naso, i miei occhi sembrano non aver intenzione di spostarsi dal suo viso.

Quando si volta mi trova lì a fissarla, sembra leggermente in imbarazzo.

Riprendiamo la nostra passeggiata, mi apro il giaccone, sembra quasi primavera.

«E adesso dove mi vuoi portare?», le domando.

Lei sorride:

«Ora lo vedrai!», mi risponde ridendo.

Dal vialetto si intravede una piazzetta dove diversi bambini stanno giocando arrampicandosi su quella che immagino sia una statua.

«Questo è uno degli angoli di New York più amati dai bimbi, vieni, scattarsi una foto con il Cappellaio Matto e Alice è d'obbligo!», esclama.

«Non se ne parla, non ho intenzione di farmi prendere in giro da tutti quei pargoli! Sono un adulto, non mi serve una foto».

Lei si sofferma, i nostri occhi si incontrano:

«Mi hai chiesto di accompagnarti alla scoperta di New York, se avessi voluto fare il classico tour della città avresti potuto domandare a una delle tante agenzie di viaggi, ma dal momento che sei qui con me, per un attimo, prova a rilassarti e a goderti la giornata, a nessuno importa quello che fai, nessuno ti giudica, siamo a New York, non nella rigida e grigia Inghilterra».

Mi prende per mano e mi tira verso la statua.

«Scusate bambini, il mio amico è in gita in città e vorrebbe tanto farsi una foto con Alice, potreste spostarvi un attimo?», domanda gentile alla combriccola intenta a giocare.

Loro, senza replicare, si allontanano.

«Su, muoviti, mettiti in posa e sorridi», mi ordina lei prendendo dalla borsa lo smartphone.

Controvoglia mi posiziono tra Alice e dei funghi.

Meggy divertita inizia a scattare.

«Hai intenzione di realizzare un intero shooting fotografico?», le domando quando, ridendo, mi chiede di sedermi su di un fungo.

«Dai, mi ritengo soddisfatta», stabilisce andando a ringraziare i bambini che stanno attendendo di poter tornare a giocare con i matti personaggi della storia di Carrol.

Riprendiamo a camminare, inizia a fare caldo, Meggy si è tolta il cappotto, continua a parlare entusiasta raccontandomi aneddoti, che ignoravo, sulla storia del parco.

Tra una chiacchiera e l'altra siamo giunti al famoso Bow Bridge, la mia guida si ferma e, indicando il ponte, inizia a dire:

«Questo ponte è indubbiamente uno dei luoghi più fotografati, filmati e romantici di New York. In qualunque momento potresti essere spettatore di una dichiarazione d'amore o di una proposta di matrimonio, è infatti detto il ponte degli innamorati».

Ci soffermiamo a osservare il laghetto con le sue piccole barchette prese in affitto dai turisti.

«Sai, sono passato spesso di qua ma penso di non essere mai salito su questo ponte», prendo il respiro, «fino ad adesso».

Si volta, si sposta una ciocca di capelli dal viso.

«New York è da vedere non solo con gli occhi ma anche, e soprattutto, con il cuore. Devi fermarti ogni tanto a gustarti la città, le sue abitudini, i suoi spazi magici, solo così potrai davvero dire di averla vissuta da vero newyorkese».

Restiamo lì, su quel famoso ponte, con un leggero vento che ci accarezza il viso e io mi ritrovo ancora a guardare questa bizzarra ragazza con le lentiggini sul naso che divide il suo appartamento con un furetto.

«Allora, io direi di proseguire. Rimboccati le maniche, caro Colin, perché ti aspettano una barca e dei remi!»

La guardo, vorrei dire che non mi piacciono le piccole imbarcazioni e invece mi ritrovo a seguirla.

***

«Penso che non potresti trovare niente di meglio che questo: Central Park, una gita in barca sul lago e delle caramelle gommose da mangiucchiare!», proclama lei addentando l'ennesima gelatina.

«Invece di continuare a mangiare, potresti anche darmi una mano!», la rimprovero io.

«Non se ne parla! Piuttosto, non dirmi che non avevi mai fatto neanche il giro del lago in barca».

Smetto per un istante di remare e infilo la mano nel sacchettino colorato che ha comprato al piccolo chiosco e mi metto in bocca uno di quei ciucci gommosi che sembrano piacerle tanto.

«Non so proprio come fai a mangiare questi aggeggi, contengono solo zuccheri e coloranti!»

«I gusti sono gusti, io ne vado matta, potrei mangiarne un sacchetto intero».

Smetto un attimo di remare per togliermi pure io il giaccone, e i miei occhi si trovano ancora a scrutarla: sta continuando a mangiare, si porta alla bocca una caramella dopo l'altra come se fossero delle noccioline, lo scollo del maglione le è sceso leggermente scoprendole una spalla. Inizia a rufolare nella borsa — mi chiedo che disordine possa contenere — ed estrae un paio di grossi occhiali da sole.

Se li mette, fa tanto diva del cinema.

«Direi di rientrare, è quasi l'ora di pranzo, non voglio farti fare tardi se hai degli impegni», dichiara.

«Nessun impegno, in questa città non ho amici, solo colleghi di lavoro quindi...», azzardo, «potremmo pranzare insieme, ovviamente se non hai già altri progetti».

Meggy solleva gli occhiali mostrando quegli occhi castani finemente truccati.

«Ho già un'idea di dove potremmo andare», mi stupisce soddisfatta.

Rientriamo al piccolo molo, le porgo la mano per aiutarla a scendere quando, non so come, il piede le rimane incastrato tra le travi.

Meggy cerca di mantenere l'equilibrio nonostante un piede sia sul molo e l'altro ancora nella piccola imbarcazione a remi, si sbilancia, sta quasi per cadere direttamente nel lago ma io riesco ad afferrarle una mano trattenendola. La attiro con veemenza verso il sottoscritto ed entrambi cadiamo sul prato.

Apro gli occhi, lei è distesa sopra di me, mi ritrovo il suo viso estremamente vicino al mio, respiro per un attimo l'aroma dolce che emanano i suoi vestiti, le mie mani le cingono i fianchi.

«Oh, mi dispiace, spero di non averti fatto male!», si scusa lei senza spostarsi.

La guardo, i suoi lunghi capelli mi solleticano il viso.

«Non preoccuparti», le rispondo provando a spostarmi leggermente.

Lei si alza, nella caduta ha perso una scarpa.

«Accidenti, spero che non sia finita in acqua!», dice lei guardandosi il piede.

L'uomo, addetto al noleggio delle barchette, si avvicina porgendole la sneaker.

«Signorina, questa penso proprio che sia sua! Era rimasta incastrata tra le travi della barca!»

«Oh, grazie!», gli risponde di rimando Meggy afferrando la scarpa.

Ci sediamo su una panchina.

«A quanto pare dovrei imparare a starti alla larga, sei un autentico disastro. Prima quel tuo "simpatico" furetto mi azzanna in una parte decisamente delicata e adesso mi piombi pure addosso!»

Lei si volta appena.

«Tecnicamente non sono stata io piombarti addosso ma sei stato tu che mi ha attirato verso di te!»

Sorridendo, aggiunge:

«E di questo ti ringrazio, mi hai evitato un bagno in acque gelate e una figura ridicola!»

La osservo infilarsi la *Converse* colorata e "litigare" con la stringa.

«Inizio a pensare che perdere una scarpa sia un po' una tua costante! Anche l'altra sera, quando sei scivolata sul pluriball, avevi perso una décolleté; i tuoi avrebbero dovuto chiamarti Cenerentola... come nome ti si addice alla grande!», affermo io divertito.

Lei, mi dà una pacca sulla spalla.

«L'unica differenza è che io non ho una fata smemorina e neanche una squadra di topolini sempre pronti a darmi una mano!»

Riprendiamo a camminare, gli olmi che fiancheggiano il viale stanno cominciando a mettere le nuove foglie, Meggy si avvicina a una statua.

«Questa è la scultura di Andersen e là, puoi vedere quella di Shakespeare... direi di iniziare a uscire dal parco, il mio stomaco sta cominciando a brontolare».

«Approvo, pure io ho una discreta fame. Posso chiederti dove hai intenzione di pranzare?», provo a domandare anche se già immagino cosa mi dirà.

«Non se ne parla, tu pensa solo a goderti New York!»

Non so perché ma uno stupido sorriso spunta sulle mie labbra. Questa stramba maestra newyorkese sta riuscendo a distogliermi dalla mia quotidianità, così diversa dalla sua e, devo ammettere, mi piace.

17.Meggy

Siamo appena usciti dal parco, il vento è leggero ed è proprio una di quelle classiche mattine che annunciano l'arrivo della stagione che preferisco.

Mi volto appena, Mr. Disastro si è tolto gli occhiali da sole e cammina guardandosi attorno proprio come fanno i turisti. Rispetto a qualche giorno fa, a quel nostro primo incontro, sembra più rilassato come se avesse messo da parte un po' di quella rigidità che caratterizza gli inglesi.

Costeggiamo l'imponente palazzo del Plaza.

«Mi chiedo chi abbia tanti soldi da potervi soggiornare, anche una sola notte, penso che non sarebbe sufficiente un mio intero stipendio!», affermo guardando l'elegante palazzo.

Mi volto, Colin si è fermato a osservare il palazzo, sembra assorto nei suoi pensieri.

Mi avvicino.

«Ehi, sei rimasto incantato da tanta opulenza?», gli domando.

«Oh, scusa... proseguiamo pure, voglio proprio vedere dove mi porterai adesso!»

Continuiamo a camminare fino al Colombus Circle ed ecco che scorgo un altro dei miei angoli preferiti in città: la Rose Bakery, la pasticceria migliore di tutta New York.

«Attraversiamo la strada e andiamo a gustarci gli impareggiabili Banana Pudding Cookies, dopo che li avrai assaggiati non potrai più farne a meno», dico io.

«Pranziamo in una pasticceria? Guarda che, tra le varie cose, io non sono un amante di dolci e biscotti», ribatte lui.

«Un po' di dolcezza non potrà che giovarti, su entriamo».

Afferro dal bancone i menu e ci accomodiamo a un tavolino leggermente in disparte. Il locale per adesso è abbastanza tranquillo, nella sala si percepisce l'inconfondibile aroma della banana.

Soddisfatta, inizio a sfogliare l'elenco dei cibi:

«Allora, sono indecisa tra i miei soliti cookies preferiti oppure non so se puntare su una cheesecake, sono entrambi squisiti per non parlare poi delle loro colazioni».

Colin legge serio le possibili portate.

«Dal momento che non vado matto per questi pasti alternativi, ordino quello che ordini tu. Devo assaporare la città, no?»

«Sono certa che cambierai parere anche sui dolci!»

Sorrido e mi alzo per andare a ordinare al bancone.

Sto aspettando di essere servita e il mio sguardo si posa sul nostro tavolo dove Colin sta guardando lo smartphone. In questo momento appare serio, come se qualcosa disturbasse i suoi pensieri, mentre per tutta la mattina al parco ho notato in lui tanta spensieratezza. È strano, credo di non essere ancora riuscita a decifrarlo davvero, a momenti sembra sereno e simpatico e in altri invece così distaccato e pensieroso; è un po' come un codice criptato e io non ho trovato la giusta chiave di lettura per capire davvero il suo carattere.

«Buongiorno, cosa posso prepararle?»

La ragazza dietro al bancone mi distoglie dai miei pensieri.

«Banana Pudding Cookies ovviamente, due fette della vostra torta di carote e due cappuccini giganti con cioccolata, grazie».

Torno soddisfatta al tavolo.

«Un attimo ancora e potrai assaggiare il miglior pasto che tu abbia mai fatto in tutta l'Inghilterra!»

Lui mi scruta.

«Dici davvero? Sai, mi domando il perché tu non riesca ad apprezzare il mio paese».

«Forse per lo stesso motivo per cui tu non riesci ad amare New York!», ribatto io.

La ragazza, con le nostre ordinazioni, ci distrae porgendoci il nostro pranzo:

«Buon appetito!»

Mr. Disastro osserva i piatti sul vassoio.

«Allora, a quanto pare, se non voglio saltare il pasto, non posso fare altro che assaggiare queste prelibatezze».

Poi, mi rivolge uno sguardo divertito:

«Allora, da cosa devo iniziare?»

«Assaggia questi e poi, onestamente, dimmi se ti piacciono o no».

Gli porgo il piattino con i biscotti.

Lui mantiene ancora lo sguardo fisso sul mio viso mentre si porta alle labbra il dolcetto.

Lo osservo addentare il mio biscotto preferito, lo gusta con calma e poi dà un altro morso.

«Allora? Sono o no i cookies più squisiti che tu abbia mai mangiato?», gli chiedo.

Sembra pensarci un attimo, poi ne afferra un altro e dice:

«Devo ammettere che non hanno rivali, sono davvero i migliori che abbia mai assaggiato».

Sorrido soddisfatta dalla sua risposta.

«E non hai ancora provato la torta di carote, te ne innamorerai. Io, quando voglio concedermi un attimo di dolcezza assoluta, vengo sempre qui».

Colin smette per un istante di mangiare e, scrutandomi da dietro la tazza del suo cappuccino, mi sorprende:

«Sai, devo proprio dire che era da tanto che non mi imbattevo in una donna come te».

Incrocio i suoi occhi verdi.

«A Londra, tutte le persone con cui ho a che fare, o sono prese dalla propria carriera oppure sono solo dedite alla vita mondana fatta di locali alla moda; nessuno che riesca ad apprezzare una passeggiata nel parco o una fetta di dolce. Le giornate scorrono tutte uguali: un aperitivo di lavoro, una videoconferenza, giornate passate dietro a una scrivania, locali di lusso e viaggi costosi ma niente di tutto questo».

Lo ascolto, non so se questo sia davvero un complimento, ma sentirlo parlare mi rattrista, io non potrei impostare tutte le mie giornate in quel modo.

Prima che io possa dire qualcosa, aggiunge:

«Con te stamattina sono riuscito a fare una cosa che non facevo da... non so neppure io da quanto; ho vissuto le cose normali: un giro intorno al lago, una fetta di dolce da gustare con calma, parlare con qualcuno in modo disinteressato, senza maschere, in maniera spontanea e di questo Meggy devo ringraziarti».

Sono in imbarazzo, non so davvero cosa replicare, ci conosciamo da poco e Colin mi ha appena raccontato alcuni aspetti molto intimi di se stesso.

«Per il momento come guida della città sei promossa, questi cookies ti hanno fatto guadagnare diversi punti anche se, in tutta onestà, non penso che mi farai modificare la mia opinione su questa città».

Sorrido, con queste sue battute adesso sono decisamente più a mio agio.

«Io, caro Colin, non ci scommetterei affatto, ho ancora molti assi nella manica da giocarmi con te! Questo è soltanto un piccolo granello di polvere!»

Ordina un espresso, nella piccola pasticceria adesso inizia a esserci un certo affollamento.

«Direi di andare, immagino che tu nel weekend ne vorrai approfittare per riposarti un po'».

Si alza prendendo il giaccone dall'appendiabiti.

«Onestamente non avevo alcun impegno, ho già smaltito le varie lavatrici della settimana e corretto i compiti. Penso che, arrivata a casa, mi rilasserò leggendo un libro».

Mr. Disastro mi porge il cappotto e, da autentico galantuomo, mi aiuta a infilarlo.

«Ti farà compagnia una certa autrice inglese?», mi domanda lui con quel solito sorriso sghembo.

«Jane e le sue storie sono una certezza, conosco i suoi romanzi in ogni dettaglio, ma penso che oggi mi dedicherò a una nuova commedia romantica».

Usciamo in strada e ci incamminiamo per una caotica Columbus Ave.

«Mi chiedo perché siate così in tante ad avere un debole per i libri della Austen, mi ricordo che quando andavo al College una mia amica era praticamente innamorata di quel damerino di Mr. Darcy... mi domando cosa ci troviate in lui di così interessante!»

Mi soffermo e gli piazzo un lieve pugno sulla spalla.

«Non ti azzardare a dare di nuovo del "damerino" a Fitzwilliam Darcy, è in assoluto l'eroe romantico per antonomasia. È sensibile, timido, un po' orgoglioso e soprattutto vuole l'amore quello con la A maiuscola, non qualcuno che lo ami per le sue proprietà».

Faccio una piccola pausa e, con enfasi, recito le parole di Mr. Darcy a Elizabeth:

«"Non ci riesco, non reprimerò i miei sentimenti. Dovete consentirmi di dirvi con quale ardore io vi ami e vi ammiri"».

Poi aggiungo:

«A mio avviso è una delle più belle dichiarazioni d'amore di sempre, come puoi non innamorarti di un uomo così!»

Colin alza le mani in segno di resa e si mette a ridere.

«Ho capito, se non voglio farti andare su tutte le furie non devo neppure nominarlo».

Tra una chiacchiera e l'altra siamo arrivati a casa, il nostro fidato portiere è impegnato a sistemare il led sulla scala.

Aspettiamo l'ascensore, quando arriviamo al mio piano, Colin mi accompagna alla porta del mio appartamento.

«Grazie, sei stata una guida sublime».

Poi, accennando un sorriso, precisa:

«Anche se con gusti letterari alquanto discutibili!»

Entrambi ci mettiamo ridere.

«Figurati, mi ha fatto piacere e poi ne ho approfittato per gustarmi una tranquilla passeggiata per Central Park e poter mangiare quei gustosi cookies».

Restiamo lì, sulla porta, sembra quasi che Mr. Disastro voglia dirmi qualcosa, lui continua a guardarmi, io in imbarazzo abbasso lo sguardo quando la porta dell'ascensore si apre.

Mio fratello, capelli scompigliati e un sacco in mano viene ad abbracciarmi.

18 Colin

Siamo fermi sulla porta del suo appartamento, la guardo, si morde nervosamente il labbro, cosa che ho notato fa spesso quando è in imbarazzo. Sono stato bene con lei, quasi spensierato come non mi accadeva da tempo. Sto quasi per chiederle se le va di ordinare una pizza su da me, Meggy mi è simpatica e poi riesce davvero a farmi ridere di gusto, quando la porta dell'ascensore si apre.

Un ragazzo, capelli schiariti dal sole leggermente ondulati e spettinati, abbronzato, un borsone a spalla, una tavola da surf alta quanto lui e un sacco in mano di un noto fast-food si precipita ad abbracciare Meggy.

La solleva facendola roteare.

Poi la rimette a terra e la guarda da capo a piedi.

«Sei sempre più meravigliosa!»

Meggy passa lo sguardo da lui al sottoscritto.

«Pensavo che non saresti rientrato prima di qualche giorno», esclama Meggy abbracciando contenta quella sorta di energumeno.

«Poi ti spiego, adesso entriamo che non mangio da ieri, sono appena sceso da un volo che aveva un discreto ritardo».

Poi le rifila una pacca sul sedere e apre la porta.

Lei, visibilmente in imbarazzo, mi guarda:

«Io vado, buona serata».

La osservo chiudersi la porta alle spalle.

Io salgo in ascensore e proseguo fino al ventitreesimo piano ponendomi una sola domanda: chi cazzo è questo individuo che sembra uscito direttamente da un ritrovo di surfisti?

È forse il suo fidanzato?

Strano, perché avrei scommesso che Meggy non avesse un compagno e soprattutto, questo *Re delle Onde,* non mi pare proprio il soggetto più adatto a lei.

In casa prendo un bicchiere di Chardonnay e mi butto sul divano.

Accendo il portatile e apro una e-mail di Ivan in cui ha buttato giù una bozza piuttosto dettagliata di quella che potrebbe essere la rivista seguendo la nuova linea editoriale.

Mi piace, anche se dovremmo apportare ancora diverse modifiche qua e là.

Resto un po' sul divano a lavorare poi mi alzo; non avendo voglia di cucinare, decido di ordinare del sushi.

Mi avvicino all'ampia vetrata che dà sulla terrazza e mi soffermo a osservare la strada. Mi ritrovo così a pensare ancora a Meggy e a questa stramba giornata e devo ammettere che era da tempo che non riuscivo a essere tanto spensierato.

Mi verso un altro bicchiere di vino e accendo la tv.

19. Meggy

Sono seduta sul divano; divertita, ascolto i racconti di mio fratello sul suo viaggio-lavoro in Sud Africa.

«Avresti dovuto vedere che onde pazzesche, poterle cavalcare è stato davvero emozionante, un giorno dovresti provarci».

Mi metto a ridere.

«Non se ne parla affatto, non sono adatta a queste attività adrenaliniche, preferisco di gran lunga leggere un libro acciambellata sul divano».

Afferra l'ennesima ciambella glassata, che avrei dovuto gustarmi a colazione facendo il cruciverba del weekend, e mi domanda.

«E tu, che mi racconti invece?»

«Niente di particolare, le solite cose. Niente di così emozionante».

Restiamo ancora un po' a chiacchierare poi, dopo aver bevuto la mia consueta tisana al sambuco, gli chiamo un taxi.

«Ci vediamo, sorellina», si congeda stringendomi in un abbraccio.

«Mi raccomando, non combinare qualche guaio».

«Tranquilla, ho talmente tanto lavoro da fare che non metterò il naso fuori dal mio studio per parecchio. Abbiamo girato un sacco di materiale, montare il filmato richiederà tempo».

Mi dà un altro bacio sulla guancia e lo osservo destreggiarsi tra la sua tavola da surf e il borsone per entrare nell'ascensore.

Sorrido e mi chiudo la porta alle spalle.

Getto gli incarti della nostra cena nella spazzatura in base alle norme di una corretta raccolta differenziata e vado a mettermi il pigiama.

Mi ritrovo a ripensare a Colin, devo ammettere che non è poi così antipatico anzi, a sprazzi, sa essere anche una piacevole compagnia.

Senza ombra di dubbi è il miglior inquilino del ventitreesimo piano che io possa ricordare, in quell'appartamento si sono susseguiti solo una serie di individui assurdi.

Passo in cucina a controllare che Oscar stia dormendo e non sia invece intento a combinare qualche pasticcio notturno.

Sto andando in camera quando dalla shopper sulla poltrona vedo spuntare la copia di *Orgoglio e pregiudizio* che porto sempre con me.

Stasera saranno proprio Mr. Darcy e la tenace Elizabeth a farmi compagnia prima di addormentarmi.

20. Colin

Non sono un amante del sushi e onestamente non capisco perché mi ostini a ordinarlo sempre anche quando, come stasera, sono da solo e avrei potuto ordinare un insano cheeseburger in uno squallido fast-food — proprio come deve aver fatto Meggy e quel surfista dai capelli schiariti dal sole—.

Se fossi stato lui, non mi sarei di certo presentato alla porta della mia ragazza che, a quanto pare non vedo da un po', con un sacco pieno di cibo spazzatura.

Ecco che mi ritrovo ancora a pensare a Meggy e soprattutto non riesco a capacitarmi che stia con un uomo del genere.

Non mi pare proprio che possa avere dei punti in comune con quel damerino di Mr. Darcy, anzi, direi che sembra proprio l'esatto opposto.

Non avendo scovato niente di interessante alla tv, apro di nuovo il portatile e mi metto a lavorare.

Quando sollevo lo sguardo dal pc mi accorgo che si è fatto tardi, chiudo le varie cartelle sul desktop e mi avvicino alla finestra.

Per strada solo qualche auto e un taxi che si è fermato proprio qua sotto. Aguzzo la vista e... sbaglio o l'individuo che vi sta salendo è il surfista tatuato nonché il fidanzato di Meggy?

Guardo meglio e, sì, è proprio lui che sta cercando di caricare nell'auto la tavola da surf.

È strano che non resti da lei per la notte, da quello che ho capito lui era fuori per un viaggio di lavoro e non si vedevano da un po'. Magari hanno discusso o forse più semplicemente doveva rientrare a casa sua per qualche ragione.

Metto un freno alla fantasia e faccio per andare a letto quando noto sullo schermo del cellulare l'ennesimo messaggio da parte della stessa persona.

Senza neppure leggerlo decido di cestinarlo; spero che, non ricevendo mai risposta, capisca che i suoi messaggi non sono graditi.

Vado a letto, il sonno è passato, potrei alzarmi e continuare a lavorare, almeno farei qualcosa di utile, e invece ripenso a questa stramba giornata e mi ritrovo a sorridere.

***

A Londra, quando nel weekend non facevo tardi in qualche locale alla moda e non avevo compagnia nel letto, al mattino mi concedevo spesso un po' di jogging a Regent's Park.

Era un'abitudine che mi piaceva, salutare e mi permetteva di ricaricare le batterie.

Potrei provare ad andare a correre, anche stamattina, il tempo sembra mite. Central Park non è poi così distante anche se forse per riprendere il ritmo potrei provare a restare nel quartiere.

Proprio nei pressi del palazzo, dal lato opposto della via, il Riverside Park potrebbe essere adatto per ricominciare l'attività fisica.

Mi infilo una tuta e mi appresto a uscire.

Il vento è leggero, per strada solo qualche signore in compagnia del proprio cane, attraverso la strada ed entro nel parco.

Non penso a nulla, corro assaporando questa mite giornata e il cinguettio degli uccellini.

Quando i muscoli iniziano a dolermi decido di fare dietro front e di rientrare.

Prendo un vialetto differente rispetto all'andata, noto così un piccolo chiosco con dei tavolini dove una coppia sta facendo in tranquillità colazione.

Lo stomaco mi suggerisce di dare un'occhiata al banco dove diversi dolcetti, toast e muffin attirano la mia attenzione.

Mi ritrovo così una busta tra le mani con dei muffin e due cappuccini, di cui uno gigante; non so perché ma mi è venuto in automatico di comprare la colazione anche per Meggy.

È solo un modo cortese per ringraziarla della gita a Central Park, mi ripeto aprendo la porta a battenti del palazzo.

Mi fermo al suo piano, spero che approfittando della giornata di vacanza non sia ancora a letto, e suono al campanello.

Aspetto qualche istante davanti alla porta, forse non è in casa o magari non ha semplicemente voglia di essere disturbata, faccio per andare quando sento:

«Buongiorno, a quanto vedo sei già in piedi».

Mi volto, Meggy, con una maglia con dei coniglietti e le sue solite pantofole pelose ai piedi, mi guarda divertita.

«Buongiorno Meggy, stamattina rientrando mi sono fermato al chiosco del parco... ho pensato di portarti la colazione».

Poi aggiungo: «Sempre che tu non l'abbia già fatta».

Le porgo il sacchetto di carta.

«Sono dei muffin e un mega cappuccino», preciso io.

Lei apre appena la busta e vi avvicina il naso ispirandone l'aroma.

«Grazie, caschi proprio a pennello, stamattina ho fatto tutto con molta calma e stavo iniziando adesso a preparare i pancakes», fa una pausa. «Mi fai compagnia?»

La guardo, il viso struccato, le sue buffe lentiggini sul naso e i lunghi capelli raccolti in modo disordinato in una sorta di chignon.

«Penso che dovrei proprio farmi una doccia», dichiaro indicando la mia tenuta sportiva e le gocce di sudore sul mio viso.

«Facciamo in questo modo allora, mentre tu fai la doccia nel tuo bagno da emiro io metto su la moka, qualora qualcuno gradisse un caffè!», propone lei sorridendo.

«Su, muoviti, così mi darai anche una mano a risolvere il cruciverba del weekend».

Faccio come mi ha detto.

21. Meggy

Sento suonare alla porta, strano, il signor Rudyard mi ha già portato sia la posta che il consueto quotidiano che mi faccio comprare solo nel weekend per poter fare il *crossword*; magari si è scordato di darmi qualche bolletta da pagare…

Apro la porta e no, non è il fidato portiere.

Mr. Disastro, in tenuta sportiva, si sta avviando all'ascensore.

«Buongiorno, a quanto vedo sei già in piedi!», esclamo io sorridendo.

Lui si volta, i suoi occhi incontrano i miei e per qualche istante restiamo lì a fissarci.

Poi è lui a dire:

«Buongiorno Meggy, stamattina rientrando a casa mi sono fermato al chiosco del parco… ho pensato di portarti la colazione», poi puntualizza: «Sempre che tu non l'abbia già fatta».

Mi allunga il sacchetto di carta.

«Sono dei muffin e un mega cappuccino», mi informa mentre lo apro avvicinandomelo al naso per ispirarne l'odore gustoso.

«Mi fai compagnia?», gli chiedo.

Sembra un attimo in imbarazzo, si passa la mano sul viso sudato.

«Penso che dovrei proprio farmi una doccia», ribatte indicando la sua tuta sportiva.

Lo esorto a sbrigarsi e lo osservo uscire dal mio intimo appartamento.

È stato gentile a portarmi la colazione, penso tra me sistemando i muffin su di un'alzatina sulla penisola della cucina insieme ai nostri cappuccini.

Oscar si è alzato dalla sua amaca e, attirato dall'odore dei dolcetti, si avvicina.

«Eh no, dopo quello che hai combinato non puoi rimanere qui, vieni, andiamo a dormicchiare nel mio studio, non vorrei che tu azzannassi di nuovo Colin… l'altro giorno non sei stato affatto cortese con lui!», gli ricordo.

Il mio amico mi segue facendo finta di non ascoltarmi e va ad acciambellarsi sulla mia comoda poltrona in tweed.

Torno in cucina e, aspettando che Mr. Disastro abbia fatto la doccia, bevo un sorso di quello che immagino sia il mio cappuccino: gigante e con un velo di cacao.

Cerco subito di allontanare il pensiero di Colin sotto la doccia, questa è di certo una visione vietata ai minori e magari anche alla sottoscritta.

Ecco che sento bussare alla porta; Mr. Disastro, capelli ancora bagnati, con indosso un jeans e una t-shirt di un verde che si intona perfettamente ai suoi occhi, mi guarda sorridendo.

«Vieni, se non fossi arrivato avrei cominciato a mangiarne uno, sembrano davvero gustosi».

Colin si sofferma sulla porta.

«Pensi che il tuo "amico" abbia intenzioni ostili? Perché non vorrei rimediare un altro morso!»

«Tranquillo, è nel mio studio che sta dormendo».

Ci sediamo alla penisola della cucina e cominciamo a mangiare.

«Sono davvero appetitosi e questo ripieno di cioccolato è sublime…», borbotto gustandomi il dolcetto.

«Penso che tu sia la donna più golosa in cui io mi sia imbattuto, generalmente non fate altro che blaterare cose senza senso su kilocalorie e grassi».

Lo guardo da dietro il cappuccino.

«Ho un'autentica dipendenza dai dolci, ne vado matta!»

Lui si ferma un istante e allunga la mano oltre la penisola verso il mio viso e con il pollice mi sfiora quasi impercettibilmente il labbro.

Al suo tocco avverto una scossa lunga la schiena.

«Avevi un baffo di latte», precisa ritraendo subito la mano.

In imbarazzo, afferro il quotidiano e lo apro alla pagina del mio consueto cruciverba.

«Mi dai una mano? Tutti i weekend mi faccio comprare da Rudyard il quotidiano solo ed esclusivamente per poter fare il cruciverba, le sue definizioni non sono affatto banali».

Mr. Disastro avvicina il suo sgabello al mio per poter avere una migliore visuale sul foglio.

«Allora cominciamo... Uno, orizzontale, il pittore di *Un bagno ad Asnières*».

Ci guardiamo ed entrambi rispondiamo.

«Seurat!»

Osservo la sua calligrafia, pulita ed elegante.

Poi prosegue:

«Due, verticale, "la capitale dello Utah"».

Aspetto un attimo per vedere se conosce la risposta, sembra pensarci su.

«No, questa non la so... le capitali non sono il mio forte».

Gli tolgo la penna di mano.

«La sua capitale è Salt Lake City, strano che a scuola non ti abbiano fatto studiare tutti i nostri stati con le relative capitali!»

Si mette a ridere.

«Magari li avrò anche studiati ma di certo non in un'epoca recente».

Proseguiamo il cruciverba, devo ammettere che, se tralasciamo le definizioni a carattere geografico, Mr. Disastro se la cava egregiamente.

Completiamo l'intero cruciverba nel tempo della nostra colazione.

«Grazie per l'aiuto, generalmente mi rimane sempre qualche definizione in sospeso a cui rispondere e alla quale continuo a pensare per tutta la giornata».

«Potresti sempre guardare su Google la risposta», mi suggerisce lui.

«Eh no, così non vale, io gioco in modo leale».

I miei occhi incrociano i suoi, sembra non aver alcuna intenzione di spostare lo sguardo da me, poi sono io ad alzarmi dallo sgabello cominciando a mettere le nostre mugs e i piattini nel lavabo.

«Allora, come sta andando il lavoro? Anche se onestamente non ho ancora capito cosa fai».

Lui si alza e si appoggia alla lavapiatti.

«Sono il nuovo e momentaneo direttore artistico di *GQ*. Sto cercando di risollevare le vendite della rivista apportando varie modifiche editoriali».

Mi volto appena iniziando a lavare le stoviglie.

«E ci stai riuscendo?», gli domando.

Vedo quel suo solito sorriso sghembo affiorare sulla sua bocca.

«Beh, ci spero, anche perché vorrei proprio poter rientrare in Inghilterra».

«Quindi resterai qui solo per rifare l'outfit del giornale e incrementate le vendite e poi te ne tornerai nella grigia Londra?»

Si passa la mano sul mento.

«Esatto, finito il lavoro non ho alcuna ragione per trattenermi qui e poi, ormai lo sai, non vado molto d'accordo con questa città», sospira, «anche se non ho idea del perché, tutti si innamorano di New York».

Faccio una piccola pausa e aggiungo:

«Sono certa che, invece, riuscirò a farti cambiare opinione!»

Si mette a ridere.

«Chissà, magari ci riuscirai anche se io non ne sarei tanto convinto».

Sistemo le tazze nello scolapiatti, Colin è ancora appoggiato alla lavastoviglie e mi sta osservando.

«E tu, Meggy, perché odi tanto l'Inghilterra? Il tuo caro Mr. Darcy è inglese così come la tua autrice preferita».

Mi volto e mi soffermo per un istante a guardarlo: mantiene gli occhi fissi su di me, quello sguardo intenso e indecifrabile che ha il potere di mettermi in imbarazzo e quel sorriso sensuale che lo rende tanto affascinante.

«Dopo la laurea in lettere inglesi la mia professoressa mi propose un tirocinio a Winchester proprio per scrivere una sorta di saggio sulla mia autrice inglese preferita, inutile dire che fui molto contenta di accettare. Vivere proprio nelle campagne inglesi dove Jane aveva ambientato tutti i suoi scritti era meraviglioso, ero molto entusiasta. Poi conobbi un ragazzo, tutto sembrava perfetto ma a quanto pare non era lui il mio Mr. Darcy e in una grigia e piovosa giornata feci le valigie e senza neppure ultimare il mio saggio salii sul primo volo diretto al JFK e rientrai a casa... preferisco di gran lunga New York e i newyorkesi, gli inglesi non mi piacciono».

Poi, ridendo, preciso:

«Ovviamente non mi riferisco ai presenti e poi... odio volare, per raggiungere la tua amata Inghilterra mi attenderebbe un volo oltreoceano!»

«Beh, penso proprio che quel ragazzo sia stato davvero stupido a farti scappare...»

Accidenti, sbaglio o Mr. Disastro mi ha appena fatto un complimento?

Per qualche istante nessuno dice niente, poi è lui a intervenire:

«Grazie per la compagnia, vado a lavorare un po' e poi immagino che anche tu abbia parecchie cose da fare».

Siamo sulla porta.

«Ci vediamo... aspetto di scoprire dove mi vorrai portare il prossimo weekend».

Sorrido.

«Ho già pensato un posto che ti lascerà senza parole!»

Lo guardo salire nell'ascensore e con una strana sensazione mi chiudo la porta alle spalle.

Vado a vedere se Oscar stia ancora dormendo e, sedendomi con lui sul tappeto, gli dico:

«Che dici? Pensi che potresti fare amicizia con Colin? In fondo non è poi così antipatico».

Il mio piccolo amico, solleva appena il musetto e si rimette a dormire.

22. Colin

Non sono ancora entrato in casa che già mi ritrovo a pensare a lei e alla sua passione per i libri di Jane Austen. Anche se non lo ammetterebbe mai immagino che, sotto sotto, sogni pure lei di imbattersi nel suo Mr. Darcy.

È strano, probabilmente a Londra non avrei mai fatto in qualche modo amicizia con una come Meggy, distante anni luce da ciò che sono io.

Lei è sempre sorridente, cortese e a tratti buffa, spensierata direi, sembra quasi essere uscita da una cartolina di auguri. Divide il suo appartamento con un furetto dal temperamento alquanto discutibile ed è molto attenta alla tutela dell'ambiente. Con uno stupido sorriso sulle labbra ripenso a quel nostro primo incontro e alla sua minuziosa spiegazione sullo smaltimento del pluriball; penso che insegnerà pure ai suoi allievi il rispetto per il nostro pianeta.

Per uno come me, sempre di corsa, che non ha un attimo per fermarsi ad assaporare un caffè nel parco, dedito al lavoro e alle serate nei locali più esclusivi della City, poter passare un po' di tempo con una come lei è rigenerante.

Mi butto sul divano e apro il portatile per poter lavorare un po' alla nuova grafica che mi ha inviato Ivan.

Dopo avervi sistemato alcuni dettagli, inizio a buttare giù il mio articolo per la nuova rubrica, parlando proprio di Central Park e di quell'intimo caffè.

Guardo l'orologio, tra una cosa e l'altra ho saltato il pranzo, mi avvicino alla portafinestra che dà sulla terrazza, sarei tentato di aprire la porta per poter osservare il panorama sulla città ma la mia paura per l'altezza me lo impedisce.

Prendo il giubbotto ed esco, è un pomeriggio mite e non ho voglia di restare in casa.

In ascensore il mio dito indugia sulla pulsantiera, vorrei fermarmi da lei e chiederle se ha voglia di fare una passeggiata, ma non lo faccio.

Meggy è talmente cortese che non vorrei metterla in imbarazzo e poi avrà di certo delle cose da fare.

Esco, per strada il vento è leggero, alcune piante stanno già mettendo le nuove gemme e, qua e là, si inizia a respirare davvero un po' di primavera.

Cammino senza una meta, il cellulare mi avvisa che ho ricevuto un messaggio, riconoscendo quel numero, senza neanche aprirlo, decido di cestinarlo.

Quando rientro nell'elegante palazzo di Riverside Drive è praticamente l'ora adatta per fare un aperitivo, sto per salire in ascensore quando alle mie spalle sento:

«Buonasera, sbaglio o lei deve essere il nuovo inquilino del ventitreesimo piano?»

Mi volto, una donna sulla quarantina, o forse anche qualcosina in più, si avvicina ancheggiando su dei tacchi decisamente alti.

Indossa una longuette che mette in evidenza i fianchi e un maglione piuttosto scollato, il trucco mette in risalto gli occhi chiari e le labbra carnose.

È indubbiamente una donna piacente anche se un po' troppo appariscente.

«Piacere, io sono la duchessa Victoria Von Dussel, sono originaria della Germania ma vivo a New York praticamente da sempre», si presenta porgendomi la mano.

«Piacere mio, Miss Von Dussel... io invece sono Colin Inerton, mi sono trasferito qui da poco».

«Oh, Mr. Inerton, dal suo accento qualcosa mi suggerisce che lei sia inglese… amo l'Inghilterra, spesso mi reco in viaggio a Londra».

«Intuizione corretta, sono inglese e vivo proprio a Londra».

La donna mi posa una mano sulla spalla.

«Sono indiscreta se gli chiedessi che lavoro svolge qui a New York?»

«Lavoro per una rivista… adesso mi scusi ma devo proprio andare, devo fare una telefonata di lavoro… buona serata, Miss Von Dussel».

«A lei, Mr. Inerton, anche se preferisco Colin».

Mi infilo nell'ascensore prima che la duchessa mi rivolga altre domande ed entro in casa.

Prendo un bicchiere di Chardonnay e degli stuzzichini e mi rilasso leggendo il thriller comprato in aeroporto al mio arrivo.

Un bicchiere di vino e un buon libro… una serata quasi perfetta.

23. Meggy

La sveglia mi butta giù dal letto, controllo dalla finestra il meteo e mi appresto a cominciare la mia consueta routine.

Quando riesco a uscire di casa mi accorgo di essere addirittura in anticipo, almeno farò le cose con calma.

Mi chiedo se stamattina incrocerò Mr. Disastro, nel suo raffinato completo inamidato, intento a salire nell'auto di lusso che lo conduce al lavoro.

Quando le porte automatiche dell'elevatore si aprono il mio sguardo lo cerca, ma a quanto pare Colin sarà sempre in casa o magari starà già lavorando nel suo studio.

Mi metto a cercare qualcosa, che non so neppure io, nella shopper per far passare il tempo utile affinché l'ascensore, che è stato nuovamente chiamato, torni al piano terra.

Sollevo lo sguardo all'indicatore di piano, ancora qualche istante e le porte si apriranno, il mio cuore accelera ma, con mia grande delusione, si tratta della signora Victoria in compagnia di Tony, il suo nevrotico chihuahua.

«Buongiorno Meggy, stai andando dai tuoi bambini?», mi domanda avvicinandosi nel suo cappotto *Chanel* e mostrando le unghie laccate finemente.

«Come sempre Victoria, stavo per uscire», taglio corto io.

La signora, abbassando la voce, aggiunge:

«Ieri pomeriggio, rientrando dalla consueta passeggiata con Tony, ho incrociato il nuovo inquilino del ventitreesimo piano... mi sono trattenuta qualche istante a parlarci, a quanto pare è qui per lavoro, mi ha detto che è inglese, di Londra».

Poi, abbassando un altro po' la voce, precisa:

«È davvero un uomo molto interessante, spero di poterlo conoscere meglio».

Senza darmi il tempo di dire niente, mi domanda:

«E lei cara, ha già avuto il piacere di incontrarlo?»

«Victoria, mi scusi, ma devo proprio scappare, devo correre a prendere la metro... stamattina abbiamo una riunione docenti prima dell'inizio delle normali lezioni», mento io.

«Buona giornata, cara».

Saluto frettolosamente Rudyard, su cui adesso ha spostato la sua attenzione la signora Victoria, e a passo spedito mi incammino alla stazione della metro.

Nel tragitto in treno ripenso alle parole di poco fa della sofisticata duchessa.

A quanto pare deve aver incontrato Colin e ha pure aggiunto che lo ritiene molto interessante, mi chiedo cosa voglia da lui proprio lei che colleziona una serie di pretendenti della New York più rinomata.

Questi ragionamenti mi fanno compagnia fino alla scalinata della Primrose School dove vedo Liv intenta a litigare con la zip del giaccone.

«Buongiorno, a quanto pare con le zip, che siano di un costume per la recita o del tuo soprabito, non riesci proprio ad andarci d'accordo», affermo dando una mano alla mia amica ad aprire la cerniera.

«Mi domando perché non usino dei bottoni invece di questi aggeggi... allora, com'è andato il tuo weekend? E, soprattutto, sei uscita con il tuo Mr. Disastro?», mi domanda Liv aprendo la pesante porta a battenti.

Sorrido.

«L'ho portato a Central Park, abbiamo fatto un giro del parco e poi siamo andati da Rose Bakery per pranzo. Non potevo non fargli assaggiare i loro Banana Pudding Cookies, sono i migliori di tutta la città».

La mia amica mi guarda di sottecchi:

«Immagino che lo avrai portato anche al Belvedere Castle; forse, Meggy, non te ne starai rendendo conto ma stai facendo entrare Mr. Disastro nel tuo mondo, era dai tempi di Aron che non lo facevi...»

Ci incamminiamo nella sala docenti e rifletto su queste parole.

Quello che ha detto la mia amica non fa una piega, ho mostrato a Colin un pezzo di me, i miei luoghi sicuri, cosa che non facevo da tempo.

«Sai, ieri mi ha portato anche la colazione, l'ho fatto entrare e mi ha dato una mano con il cruciverba del weekend», ammetto io.

«Accidenti Meggy, allora ci sei dentro più di quanto immaginassi! Penso proprio che tu abbia trovato il tuo Mr. Darcy anche se, conoscendoti, so che non lo ammetteresti neppure a te stessa».

Mi prende le mani e aggiunge:

«Non puoi rimanere ancorata al passato, Aron è stata la tua storia più importante, è arrivato nel momento giusto per farti ricredere sull'amore. Siete stati insieme per tanto tempo ma adesso lui vive dall'altra parte del mondo ed è andato avanti, si è fatto una famiglia, ha una moglie e dei figli. Tu, invece, per paura di soffrire, hai preferito impedire a chiunque di entrare nel tuo mondo... a tutti tranne che a Mr. Disastro».

«Colin è soltanto un conoscente al quale sto dando una mano per scrivere quella rubrica, tutto qua. Magari potremmo anche diventare amici ma niente di più, e poi ricordati che lui resterà qui il tempo di risistemare quella rivista e poi salirà su un aereo e se ne tornerà in Inghilterra».

Liv mi guarda.

«Se ti conosco abbastanza so già che Mr. Disastro ha tutte le carte in regola per spezzarti il cuore o, meglio, sarai tu e la tua testardaggine a permetterglielo. Magari è proprio come dici tu e in lui vedi solo l'ennesima persona da aiutare, ma se invece fosse proprio lui il Mr. Darcy che stai tanto cercando, mi auguro che tu faccia di tutto per non fartelo scappare. Ricordati che lo hai già fatto tempo fa...»

I colleghi iniziano a entrare nella sala, così prendo le schede che ho preparato e mi avvio alla fotocopiatrice.

Ripenso alle parole di poco fa della mia amica, non può essere come dice lei, io sto bene così: il mio lavoro, la mia famiglia, le mie amiche, i miei piccoli alunni e le mie abitudini. Tutto questo mi ha ridato stabilità e un nuovo equilibrio dopo che Aron accettò il nuovo incarico a Melbourne. Colin non può rimescolare le carte in tavola, Mr. Darcy è solo l'eroe romantico per antonomasia, nient'altro.

La voce di Wendy mi distoglie dai miei pensieri mattutini.

«Signorina Clayton, Trevis ha vomitato sul mio banco!»

Scuoto la testa.

«Vado a prendere della carta, arrivo subito».

Come inizio non mi sembra promettente, penso tra me, afferrando un rotolo di asciuga-tutto e il disinfettante.

***

La giornata, dopo un inizio piuttosto burrascoso, è stata decisamente tranquilla, le prove in teatro non hanno riservato alcun problema e tutti si dimostrano molto emozionati per la recita, in cui metteremo in scena Mary Poppins, che si sta avvicinando.

Sto rientrando a casa, e proprio come stamattina, varcando il portone del nostro palazzo, il cuore inizia ad accelerare. Aprendo la porta, il mio sguardo va subito all'ascensore, mi guardo attorno, spero di veder arrivare Colin di rientro dal lavoro. Aspetto qualche istante prima di chiamare l'ascensore, ma niente, a quanto sembra sarà ancora impegnato nel suo studio.

Con un po' di delusione le porte automatiche dell'elevatore si chiudono.

24. Colin

Guardo soddisfatto il *flat plan* alle mie spalle: la nuova linea editoriale tenuta dalla rivista, la scelta dei cambi di argomento e perfino la bozza della cover mi piacciono molto.

«Capo, allora cosa ne pensi?», mi chiede il mio assistente.

«Possiamo sempre migliorare ma... mi piace. Hai fatto un lavoro eccellente!»

Vedo affiorare un sorriso sul viso del giovane grafico.

«Mi fa molto piacere!»

Il mio sguardo cade sullo smartphone, l'orologio mi mostra che è decisamente tardi, abbiamo lavorato ben oltre il normale orario.

«Ivan, vai a casa, ti sei trattenuto a lungo».

«Capo, nessun problema, lo sai che lo faccio volentieri. Allora, buona serata».

Osservo il mio assistente chiudersi le porte alle spalle; prendo la giacca, nell'intero piano tutti sono già rientrati a casa e l'addetto alle pulizie sta cominciando a sistemare gli studi.

Esco in strada, un vento ancora mite che preannuncia l'arrivo della primavera mi accarezza il viso; noto un Bryant Park stranamente tranquillo, solo qualche ragazzo seduto ai tavoli nei pressi della New York Public Library.

Salgo nell'elegante auto che mi sta attendendo.

«Buonasera Tom, mi dispiace averti fatto aspettare tanto stasera», esordisco io.

Il simpatico autista si volta appena.

«Non si preoccupi, Mr. Inerton, ne ho approfittato per cominciare una nuova serie tv su Netflix».

L'auto si immette sulla 42nd Street e mi ritrovo a pensare a Meggy. Di certo sarà già in casa, magari con indosso uno di quei suoi stravaganti pigiami in compagnia del suo famelico mustelide o magari ci sarà lui, quella sorta di surfista, a "movimentare" la sua serata.

Il pensiero di loro due, insieme, mi disturba, direi che quasi, addirittura, mi irrita e questo non mi piace affatto.

Sono qui per risollevare le vendite del nostro tabloid, non per mettermi nei guai con una donna già fidanzata! Poi salirò su un volo che mi riporterà in Inghilterra, lontano da questa città e da Meggy.

Questa ragazza, tuttavia, riesce a farmi sorridere e a farmi sentire spensierato come non mi succedeva da tempo.

La macchina si ferma.

«Buona serata, Tom e grazie», dico io scendendo dall'auto.

«Altrettanto a lei, Mr. Inerton», si limita a replicare immettendosi in Riverside Drive.

Salgo in ascensore, per un attimo una parte di me mi suggerisce di fermarmi da Meggy ma poi decido di dare retta al lato razionale e digito sulla pulsantiera il ventitreesimo piano.

Quando entro in casa vado in cucina, la signora Prickest mi ha preparato un arrosto, almeno non dovrò ordinare sushi anche stasera. Mi tolgo le scarpe e mi butto sul divano.

Osservo il vino creare dei vortici nel calice e accendo la tv.

Devo smettere di pensare a Meggy, è quanto di più sbagliato possa fare.

25. Meggy

Per tutta la settimana Colin e io non ci siamo mai incrociati né al mattino né tantomeno al rientro a casa.

Se magari avessi avuto il numero del suo cellulare gli avrei scritto un messaggio tanto per assicurarmi che non avesse avuto qualche problema.

E poi sta cominciando il weekend, per quel che mi ricordo avremmo dovuto vederci per una delle nostre gite in città.

Sono appena scesa dalla metro e mi sto incamminando a casa, se anche stasera non lo dovessi vedere ho deciso che proverò a bussargli.

Quando entro nel nostro elegante palazzo di Mr. Disastro neppure l'ombra, mi avvicino al desk del signor Rudyard e provo a domandare, lievemente in imbarazzo:

«Buonasera Rudyard, è da diversi giorni che non vedo Mr. Inerton, mi chiedevo se fosse già rientrato a Londra».

Il simpatico e cortese portiere mi guarda da dietro le spesse lenti degli occhiali.

«Miss Clayton, assolutamente no! Mr. Inerton sta semplicemente rientrando sempre molto tardi, probabilmente per ragioni di lavoro».

«Avevamo più o meno i medesimi orari quindi, non avendolo più incontrato, pensavo che fosse rientrato in Inghilterra», mi giustifico io.

L'uomo mi sorride.

«È comprensibile che abbia pensato questo ma stia tranquilla, ha solo cambiato i suoi orari... Buona serata, Meggy».

«Anche a lei», replico io salendo in ascensore.

Prima che le porte automatiche si chiudano, il portiere esclama:

«Anche stasera non è ancora rientrato ma sono certo, che se volesse vederlo, tra un'oretta dovrebbe proprio essere nel suo appartamento.

***

Ho appena fatto la doccia, con i capelli ancora umidi mi infilo uno dei miei morbidi pigiami; il mio sguardo cade sulla sveglia: da quando sono entrata in casa è passata all'incirca un'oretta. A quest'ora, in base a quanto mi ha detto il signor Rudyard, Colin dovrebbe essere rientrato.

Calzo le pantofole e, facendo un grande respiro, esco sul pianerottolo.

Chiamo l'ascensore e quando digito sulla pulsantiera il ventitreesimo piano, il mio cuore comincia ad accelerare.

Eccomi sulla porta del suo attico, respiro e poi premo il campanello.

Dopo qualche istante la porta si apre, Colin a piedi nudi con le maniche della camicia arrotolate, un paio di jeans e un bicchiere in mano mi guarda stupito.

«Buonasera, Meggy», esclama.

«Ehm, spero di non averti disturbato ma non avendo il numero del tuo cellulare, ho pensato di passare un attimo».

«Assolutamente, vieni, entra pure».

Colin mi fa strada nell'ampio open space che dà sulla terrazza.

«Posso offrirti qualcosa?», mi chiede

«No, niente grazie... non sono abituata a bere».

Poi aggiungo:

«Come sta andando il lavoro?»

Si versa un altro po' di vino.

«Direi che se procediamo con questi ritmi dovremmo poter garantire l'uscita della rivista con il nuovo outfit già per l'inizio della fashion week. E tu invece? I tuoi piccoli allievi hanno imparato la loro parte per la recita?»

Sorrido.

«Diciamo che ci stiamo lavorando, i bambini riservano sempre molte incognite, un giorno sanno tutto alla perfezione e quello dopo invece non sanno neanche quale parte sia la loro!»

Si mette a ridere.

«Sai, ti ammiro, io non saprei proprio come gestirli, preferisco di gran lunga rapportarmi con *businessman* pretenziosi e spocchiosi».

«E invece io non riuscirei proprio a fare il tuo lavoro: scadenze, pretese, concorrenza serrata e immagino pure sleale».

Si siede, mi fissa per un attimo e poi mi domanda:

«Allora hai già pensato a dove mi porterai questo fine settimana? Il weekend è, tecnicamente, iniziato!»

Un sorriso spunta sulle mie labbra, speravo che me lo chiedesse!

«Un luogo dove sono certa che tu non ci sia mai stato, però ti avviso subito che questa è una gita serale».

Si passa la mano sul mento dove noto un lieve accenno di barba di qualche giorno che lo rende davvero attraente e poi si porta nuovamente il calice alla bocca.

Il mio sguardo sembra non volersi spostare dai suoi occhi verdi e dalla sua bocca.

Poi, posando il bicchiere sul basso tavolo da fumo, mi dice:

«Ho passato una settimana davvero frenetica al lavoro, sono sempre rientrato a casa ben oltre il consueto orario e, questo weekend, ho proprio voglia di rilassarmi, non pensare a nulla».

Avvicinandosi quel tanto da avvertire il suo respiro sul mio viso e l'odore della sua acqua di colonia, esclama:

«Meggy, sei pronta a stupirmi?»

Per un attimo non dico niente, i nostri occhi non vogliono spostarsi gli uni da quelli dell'altro, e non posso fare a meno di domandarmi come sarebbe se mi baciasse.

Subito scaccio questo pensiero e, spostandomi verso la vetrata, dichiaro:

«New York stupisce sempre, quindi sì, penso che ci riuscirò!»

Dalla portafinestra che dà sulla terrazza si riesce a scorgere tutto il parco fino all'Hudson e al little Red Lighthouse.

«Accidenti, da qui puoi godere di un panorama unico sulla città». Mi volto e mettendo la mano sulla maniglia della porta scorrevole gli chiedo:

«Posso?»

Colin mi guarda e, sorridendo, mi dice:

«Certo, vai pure, io ti aspetto in casa... non sopporto l'altezza».

«Cosa? Prendi in affitto un loft al ventitreesimo piano a New York e non tolleri l'altezza? Potevi trovare che so... una di quelle palazzine in stile vittoriano a Brooklyn», replico io ridendo.

Mr. Disastro si avvicina.

«Gli attici sono sempre i migliori».

Mantiene il suo sguardo fisso nei miei occhi, si avvicina un altro po' e il mio cuore inevitabilmente inizia ad accelerare.

«Sai, mi ricordi vagamente qualcuno», intervengo io interrompendo questo momento.

Sembra non capire.

«Dovevo immaginare che tu non sapessi cosa mi hai fatto ricordare... *Pretty Woman* ti dice niente?»

Si mette a ridere.

«Penso che tutti i nati tra gli anni '80 e i '90 conoscano quel film, ha segnato la storia della commedia romantica».

«Accidenti, lo sai che questa tua affermazione mi ha sbalordito?»

«Davvero?»

Faccio per aprire la vetrata ma Colin posa la sua mano sulla mia, al suo lieve tocco avverto una scossa lungo la schiena.

«A essere onesto non ricordo la scena a cui hai pensato», mi sussurra.

Accidenti Colin, smettila di guardarmi in questo modo! Penso tra me.

Poi sono io a dire:

«Anche Richard Gere, nel film, non ama le altezze ma nonostante questo prendeva, proprio come fai tu, la suite al piano attico».

Prima che aggiunga qualcosa, faccio roteare la maniglia.

«Davvero vuoi rinunciare a questa vista?», gli chiedo.

«Magari un'altra volta, goditi pure il panorama».

Gli sorrido, mi avvicino al parapetto e mi soffermo a osservare le luci delle imbarcazioni sull'Hudson.

Un vento leggero mi solletica il viso, per strada solo qualche auto e taxi; mi soffermo qui qualche istante poi mi volto e vedo Colin sulla porta.

«La vista è spettacolare!», esclamo.

«Ti credo sulla parola».

Mi avvicino, Mr. Disastro non si smuove da lì, bloccandomi con lui sulla soglia.

«Qualche anticipazione sulla nostra gita?», mi sussurra spostandomi una ciocca dalla guancia.

I miei occhi trovano i suoi, il cuore accelera, avverto il suo respiro sul viso e l'ormai familiare odore della sua acqua di colonia.

«Nessuna anticipazione... ti dico solo che usciremo nel pomeriggio e di non prendere impegni per la serata».

Poi aggiungo:

«Ovviamente sempre che tu non ne abbia già».

Continua a mantenere gli occhi nei miei, non so cosa sia questa sensazione, non so darle un nome, ma so soltanto che vorrei poter restare qui, su questa terrazza, troppo vicina a lui.

«Nessun impegno».

Poi, si protende leggermente verso la mia bocca. Accidenti cosa sta facendo? So per certo che Mr. Disastro mi sta mettendo nei guai, dovrei allontanarmi ma niente, una parte di me vuole solo restare lì.

Si avvicina ancora, le sue labbra stanno quasi per sfiorare le mie quando il suono del campanello ci fa allontanare di scatto.

Lui mi guarda.

«Chi cavolo può essere?»

«Non ne ho idea, questa è casa tua».

Colin, senza troppa fretta, si dirige a vedere.

«Buonasera Colin, volevo sapere come stai? Non ti vedo da qualche giorno», afferma la signora Victoria in un abitino decisamente provocante.

Vedendomi alle spalle di Mr. Disastro, aggiunge:

«Non immaginavo che avessi ospiti... non voglio affatto disturbare... se è così, forse è meglio che me ne vada».

Prima che uno dei due parli, sono io a dire:
«Stavo proprio andando… buona serata, Colin, e anche lei, Victoria».
Esco dal suo appartamento e mi infilo nell'ascensore.
Accidenti mi sento confusa, mi chiedo cosa sarebbe successo se la signoria Victoria non ci avesse interrotto.
Forse la mia fantasia sta correndo troppo, il mio amore per Mr. Darcy e i romanzi della Austen devono aver in qualche modo condizionato i miei pensieri.
Entro in casa, Oscar è subito arrivato per reclamare qualche carezza. Mi preparo un toast e decido di gustarmelo in salotto guardando uno di quei dolci film romantici anche se continuo a pensare a Mr. Disastro.
Guardo il musetto simpatico del mio fedele amico:
«Vieni, andiamo a dormire».
Mi acciambello tra le morbide trapunte continuando a ripensare a quel momento in cui le nostre labbra stavano per sfiorarsi.

26. Colin

Poco fa sulla porta della terrazza ho avvertito un coinvolgimento diverso da quello avuto con le mie recenti frequentazioni, sono onesto, se non avessero suonato il campanello probabilmente l'avrei baciata.

Mi sarei messo nei guai perché Meggy non è la classica ragazza conosciuta in un locale alla moda nello Strand, non è la donna con cui passare una notte per poi non richiamarla, lei è diversa.

In lei vedo una donna dolce, simpatica e a tratti ingenua, probabilmente non ne ha neppure la consapevolezza ma, quando si morde nervosamente il labbro o cammina per casa a piedi nudi, sa essere anche molto sensuale.

Cosa stia cominciando a provare per lei non ne ho idea ma so soltanto che, ogni giorno per tutta la settimana, ho sperato di incontrarla, di prendere l'ascensore con lei…

Sono ancora sulla porta del mio appartamento, la signora Victoria continua a parlare, mi ha accennato di un vernissage a cui vorrebbe che la accompagnassi, ma io continuo a pensare a Meggy.

«Allora Colin, non dirmi che non vorrai venire? Tutta la New York che conta parteciperà a questo evento, potrebbe essere interessante anche per te, per il tuo lavoro», mi ricorda lei avvicinandosi, mettendo in mostra la scollatura audace.

«Grazie per l'invito ma in questo periodo, come potrai immaginare, abbiamo molto da fare al lavoro. Se fossi libero, verrei molto volentieri», mento io sperando che decida di tornarsene nel suo appartamento.

Mi posa la mano, con le lunghe unghie smaltate, sul petto.

«Allora Colin, buona serata, se avessi voglia di un po' di compagnia vieni pure a suonarmi, so essere molto piacevole».

«Grazie per gli inviti... buona serata anche a te, Victoria», rispondo io di rimando.

La duchessa si volta e, ancheggiando sui tacchi, entra in ascensore.

Mi chiudo la porta alle spalle e mi lascio cadere sul divano.

Mi verso dello Chardonnay e mi ritrovo a pensare ancora a lei.

Accidenti, perché non fai altro che far capolino nei miei pensieri?

Scuoto la testa, probabilmente la stanchezza di questa settimana lavorativa inizia farsi sentire, guarderò un po' di tv e poi andrò a dormire.

27. Meggy

Sono sveglia già da un po', continuo a ripensare al momento in cui ero certa che mi avrebbe baciata e non riesco a fare altro se non chiedermi come sarebbe stato.

Scuoto la testa, probabilmente il mio carattere romantico mi sta facendo viaggiare un po' troppo con la fantasia, gli uomini come Mr. Darcy devono essersi estinti qualche secolo fa.

Mi alzo e vado in cucina per gustarmi la colazione in tutta calma, senza orari da rispettare.

Per tutta la mattina mi dedico alle pulizie e a quei noiosi lavori domestici che tendo sempre a rimandare. Non so il perché, ma l'idea di rivedere Colin e di passare del tempo con lui mi rende particolarmente nervosa.

Dopo aver fatto l'ennesima lavatrice decido di andare a vestirmi, non penso di poter uscire in pigiama.

Mi infilo dei jeans, un maglioncino leggero, metto nella mia borsa preferita un foulard e calzo le ballerine rosa comprate qualche stagione fa ai saldi in pendant con la mia *Miu Miu* ed esco.

Sto attendendo l'ascensore chiedendomi se dovrei aspettarlo di sotto o se invece dovrei andare a suonargli, quando le porte automatiche si aprono e vedo uscire proprio Mr. Disastro.

«Meggy! Stavo venendo a bussare alla tua porta!», esclama lui mostrandomi quel sorriso che tanto mi piace.

«Allora ti ho letto nel pensiero perché stavo proprio per fare la medesima cosa», preciso io salendo nel moderno elevatore.

«Neppure adesso vuoi dirmi dove hai intenzione di portarmi?», mi chiede mantenendo il suo sguardo fisso nel mio.

«Non ti dirò nulla!»

Le porte si aprono e, proprio come dei vecchi amici, ci incamminiamo per strada.

L'aria è sempre più mite, qua e là gli alberi hanno già iniziato a mettere le nuove gemme, una leggera brezza ci solletica il viso.

Arriviamo alla stazione della metro e gli porgo un biglietto.

«Grazie, sto iniziando a valutare l'idea di fare un abbonamento alla vostra Subway», dichiara lui.

«Potrebbe esserti utile qualora il tuo autista si rifiutasse di scorrazzarti da una parte all'altra della città!»

Si mette a ridere.

«Un carnet di biglietti è sempre prezioso».

«Mi stai forse prendendo in giro?», replico io.

«Assolutamente», ribatte continuando a ridere.

Arrivati alla stazione della 34th Street ci apprestiamo a uscire.

«Onestamente non ho la minima idea di dove tu mi stia portando», precisa Colin.

«Ancora qualche istante e lo vedrai».

Camminiamo tra la moltitudine di persone che, come noi, sta uscendo dalla stazione e, a ogni passo, la sua mano sfiora impercettibilmente la mia.

Appena usciamo in Hudson Boulevard, Colin si ferma.

«Meggy, spero di sbagliarmi, ma qualcosa mi dice che tu mi voglia portare proprio là!», prorompe indicando l'alto palazzo di Hudson Yards.

Prima che io possa ribattere, precisa:

«Ti dico subito che la mia risposta è: no! Non ho la minima intenzione di salire fino al centesimo piano di questo edificio!»

Mi fermo e mi metto a ridere.

«Immaginavo che avresti detto così! Quando ieri ho capito che non sei un amante delle grandi altezze avevo pensato di modificare il nostro itinerario ma poi ci ho riflettuto e no, non puoi perderti la vista che si ha dall'osservatorio, è unica».

Colin mi ascolta poi, prima che possa aggiungere altro, afferma:

«Mi dispiace, Meggy, ma gli osservatori non rientrano tra le mie location preferite da visitare in questa città».

Mi avvicino e di impulso gli prendo le mani.

«Ti fidi almeno un po' della sottoscritta?», gli chiedo mantenendo gli occhi fissi nei suoi.

«Non devi fare altro che seguirmi e salire su un ascensore, ti assicuro che se, arrivati sulla terrazza panoramica, vorrai rientrare immediatamente e scendere non proverò a convincerti del contrario».

Per un attimo nessuno dice niente, continua a fissarmi, le sue mani tra le mie.

Poi sbuffa e con un accenno di sorriso mi dice:

«Guarda che se dovranno chiamare i soccorsi per una mia crisi di panico sappiamo entrambi chi è la responsabile».

Di slancio lo abbraccio.

«Grazie, sono certa che ti piacerà un sacco!»

Per un attimo avverto le sue mani sui miei fianchi e subito una scossa mi percorre la schiena.

«Su, andiamo».

Entriamo nel moderno palazzo e ci avviciniamo a un gruppo di turisti che, ordinatamente, stanno aspettando di salire in ascensore.

«Non capisco come un osservatorio al centesimo piano di un palazzo possa attirare tante persone!», esclama pensieroso Mr. Disastro passandosi nervosamente la mano sul mento.

Mi volto per incontrare i suoi occhi verdi.

«Semplice: la vista è pazzesca!»

Un nutrito gruppetto riesce subito a salire, Colin si volta e, abbassando la voce, mi sussurra:

«Siamo sempre in tempo ad andarcene da qui; mi sembra di ricordare che proprio qui dietro ci sia TImes Square!»

Mi metto a ridere.

«Times Square può attendere, almeno per oggi».

Aspettiamo che la coda si sia smaltita e, quando rimaniamo da soli, riesco a trascinarlo in ascensore.

«Dovevo scappare, non dovevo farmi convincere a fare questa pazzia!», sbotta visibilmente in ansia.

In pochi istanti arriviamo sulla cima del famoso edificio nel quartiere alla moda di Hudson Yards e usciamo in una grande sala con bar fatta interamente a vetri. Già da qui si domina tutta la città.

Colin si è fermato al centro dell'ampio open space, accidenti, mi auguro che non stia per avere davvero una crisi di panico!

«Ehi, tutto a posto? Per favore dimmi che stai solo ammirando la sala e che non stai, invece, per avere una sorta di crollo psicotico».

Mr. Disastro si volta e, incrociando i miei occhi, si mette a ridere.

«No, sto solo cercando di abituarmi all'altezza!»

«Già a sentirti parlare mi sento più tranquilla. Piuttosto, vuoi dello champagne? Non penso che ti ricapiterà di poter sorseggiare del vino gustandoti questa vista!», propongo indicando la vetrata alle nostre spalle.

«Per adesso niente alcolici. Su, fammi strada che aspetto con ansia di poter tornare ad altezze compatibili con i miei gusti!»

Apro la porta che dà sulla terrazza panoramica, subito un leggero vento ci accarezza il viso.

«Allora vieni o hai intenzione di restartene lì?», lo incalzo.

Colin, senza batter ciglio, mi segue. Scendiamo una piccola scalinata dove sono seduti alcuni turisti intenti a scattarsi delle foto che probabilmente posteranno sui moderni social e ci avviciniamo agli alti parapetti in vetro che circondano l'intero perimetro della terrazza.

Mi volto, non ha una delle sue espressioni più rilassate così, gli afferro la mano.

«Vieni, sono certa che te ne innamorerai, quello è uno degli angoli più panoramici di tutta la città».

Ci avviciniamo, la sua mano intrecciata alla mia.

«Ecco, da qui puoi vedere tutta New York: l'Hudson, Staten Island, Ellis Island, il New Yorker e parte di Central Park».

Colin si volta appena, il suo viso è a un passo dal mio, avverto l'ormai familiare odore della sua acqua di colonia, i suoi occhi sembrano non volersi spostare dai miei.

«Allora? Che te ne pare?», sussurro io.

Il suo sguardo indugia ancora qualche istante su di me.

«È meraviglioso, quasi surreale direi».

Allunga la mano e mi sfiora impercettibilmente la guancia per spostare una ciocca che mi sta solleticando il viso.

Al suo lieve tocco, un'altra scossa mi percorre la schiena.

«Scusate, ci potreste scattare una foto?»

Ci voltiamo entrambi, due ragazze sorridenti mi porgono il loro smartphone.

«Oh certo, volentieri», rispondo io.

«Dovreste spostarvi un tantino a destra, la prospettiva mi sembra migliore», suggerisce Colin alle mie spalle.

Dopo aver accontentato le turiste, sono io a dire:

«Devo farti i miei complimenti, non ero poi così certa che sarei riuscita a portarti qua!»

Si mette a ridere.

«Allora ho superato la prova? Mi spetta, per caso, un regalo per questo?»

«Aspettami che vado a prendere qualcosa da bere».

Dopo qualche istante torno con due bicchieri e una busta di bretzel.

Colin mi prende dalle mani il sacchettino e, rigirandoselo tra le dita, esclama:

«Dei bretzel?»

«Non avevano granché, ma ti assicuro che qui hanno il loro perché!»

Ci mettiamo a sedere sulla scalinata.

«Non posso darti torto... qui anche un anonimo bretzel acquista qualcosa di magico!»

Avvicinando il suo bicchiere al mio, dichiara:

«Alla miglior guida di tutta New York!»

«Grazie», mi limito a dire io lievemente in imbarazzo.

L'orizzonte sta cominciando a tingersi di rosa, una lieve brezza che profuma già di primavera ci accarezza il viso e in sottofondo sento solo i rumori della metropoli.

«Che ne dici, cominciamo a scendere o vuoi goderti ancora po' questa vista?», provo a domandargli.

«Anche se quasi, quasi, stavo cominciando ad apprezzare tutto questo, direi di incamminarci... voglio proprio vedere cosa ti sarai inventata adesso!»

Lo guardo e non posso fare a meno di sorridere.

28. Colin

Non posso credere di star gustando degli anonimi bretzel seduto sulla terrazza panoramica al centesimo piano di Hudson Yards e che, soprattutto, non vorrei essere altrove.

Ho da sempre avuto la fobia dell'altezza, addirittura a Londra con difficoltà mettevo piede in terrazza e oggi invece sono salito su uno dei palazzi più alti di tutta New York.

Mi volto appena, e mi ritrovo ancora a fissarla: i lunghi capelli scompigliati dal vento, cerca di sistemarsi dietro l'orecchio una ciocca ribelle, poi prende lo smartphone e comincia a scattare delle foto. Cavolo, è così diversa dalle donne con cui sono abituato a rapportarmi in Inghilterra, lei è divertente, spontanea, simpatica, non si atteggia a prima donna, e sa essere anche sensuale nella sua innata semplicità.

Mi piace starla ad ascoltare quando parla della sua amata città, del suo lavoro o della sua passione per i romanzi di Jane Austen.

«Che ne dici, cominciamo a scendere o vuoi goderti ancora po' questa vista?», mi domanda addentando l'ennesimo bretzel.

«Anche se stavo cominciando ad apprezzare tutto questo, direi di incamminarci... voglio proprio vedere cosa ti sarai inventata adesso!»

I suoi occhi incontrano i miei e poi si mette a ridere.

«Sono certa che ti divertirai, vieni, andiamo».

Riusciamo a salire su un ascensore decisamente troppo affollato per i miei canoni e usciamo in strada.

Camminiamo nella moltitudine di persone che ha deciso di sfruttare questa giornata mite per poter passeggiare per

Hudson Yards e ci dirigiamo di nuovo alla stazione della metropolitana.

«Dove pensi che stiamo andando?», mi chiede Meggy porgendomi l'ennesimo biglietto da convalidare.

«Onestamente non ne ho idea, tu potresti anche ritenere interessante e formativo farmi saltare giù da un palazzo, quindi non saprei».

Si mette a ridere, la sua risata è genuina, autentica.

«Tranquillo non arrivo a tanto, posso accontentarmi di averti portato sulla terrazza panoramica dell'Edge quindi rilassati, niente di tanto audace!»

Saliamo sul treno, Meggy prende dalla borsa una caramella e me la porge:

«No, grazie, non amo i dolciumi».

Ridendo, aggiungo:

«Tu che sei così attenta all'ambiente, lo sai che parte delle gelatine utilizzate sono di origine animale?»

Prima ancora che possa finire di parlare, precisa:

«Certo che lo so, sono ottenute per lo più da prodotti di scarto e non mi sognerei mai di assaggiarle… quelle che mi vedi mangiare sono fatte esclusivamente con gelatina vegetale, addirittura sono vegane».

Alzo subito le mani in segno di resa:

«Dovevo immaginarlo, una maestra tanto rispettosa della salvaguardia dell'ambiente non avrebbe mai ingerito certi alimenti!»

Ci guardiamo ed entrambi ci mettiamo a ridere.

Scendiamo alla stazione di East Broadway, non sono molto pratico di questa parte di New York e onestamente non ho la minima idea di dove stiamo andando.

«Dove ti aspetti che ti stia portando?», mi chiede Meggy voltandosi per potermi guardare in faccia.

Nei suoi occhi stasera vedo una strana intensità e tra noi avverto qualcosa che non provavo da chissà quanto tempo.

«Ci stavo riflettendo proprio adesso, non ho alcuna idea a tal proposito; magari nei paraggi hai scovato qualche piccolo locale dove gustarci un mega hamburger».

Si passa ancora la mano sul viso e riprendendo a camminare precisa:

«Ti assicuro che dopo ti farò assaggiare il miglior hamburger di tutta New York ma prima devi assolutamente venire con me».

Mi prende per mano e allunga il passo ritrovandomi così le sue dita intrecciate di nuovo alle mie.

Parla di quanto sia meravigliosa questa città senza staccare la sua mano dalla mia, come se tutto questo fosse una cosa abituale.

Arriviamo in un'altra zona panoramica della città, un molo da cui si gode di una vista meravigliosa su Manhattan. Su di un cartello turistico leggo: Pier 35.

«Eccoci arrivati, questo è un altro angolo di questa città che amo particolarmente... al momento non è ancora molto noto tra i turisti».

Senza mollare la mia mano proseguiamo a camminare, poi ci avviciniamo al parapetto e Meggy allunga il braccio a indicare il panorama.

«Guarda, questo è l'East River, là puoi vedere il Manhattan bridge e appena dietro il ponte di Brooklyn».

Le luci della città stanno iniziando ad accendersi, un vento leggero ci solletica il viso e io, non so da quanto tempo ormai, mi sento di essere nel posto giusto al momento giusto.

Il mio sguardo passa dal panorama che si staglia davanti ai nostri occhi al suo viso.

Cazzo, cosa mi sta succedendo? Io dovrei odiare questa città e invece, adesso che sono su questo molo con lei, sento che vorrei solo restare qui.

Sta continuando a parlare ma io non ho ascoltato una sola parola, so solo che sto cominciando a provare qualcosa per questa speciale ragazza newyorkese, qualcosa di nuovo a cui non so dare un nome.

«Per poter davvero assaporare a pieno questo molo devi farti un giro su quelle».

Si volta e indica alle nostre spalle delle grandi altalene panoramiche.

Mi passo le mani sul viso e mi metto a ridere.

«Quelle sono per i bambini...», puntualizzo io.

Meggy mi guarda e, facendo gli occhi dolci, mormora:

«Per favore provale...»

Fisso quegli occhi tanto intensi e mi ritrovo a dire:

«Dopo però mi hai garantito il miglior hamburger di tutta la città».

Vedo spuntare sulle sue labbra quel dolce sorriso che ormai ha iniziato a essermi tanto familiare, i nostri volti sono vicini, troppo, sono io ad allontanarmi.

La seguo e ci avviciniamo ai grandi dondoli.

«Non devi fare altro che sederti e darti una spinta», mi suggerisce lei sistemandosi sull'altalena e cominciando a dondolare.

«Cosa aspetti? Guarda, abbiamo praticamente tutto il molo per noi!»

Il mio sguardo percorre velocemente l'intero Pier 35, solo una coppia seduta a un tavolino e un uomo che sta passeggiando, a passo spedito, con il suo cane.

«Dai, non si è mai troppo grandi per l'altalena!», mi incita Meggy.

Sbuffo e faccio quanto mi ha detto, mi siedo sull'imponente seggiolino e comincio a oscillare.

Davanti a noi si stagliano le tante luci di una New York che sto iniziando a guardare con occhi differenti.

«Non trovi che da qui tutto sembri magico?», mi domanda con i lunghi capelli che ondeggiano al vento.

La guardo, a Londra una come Meggy non l'avrei assolutamente notata, e invece più passo del tempo con lei e più sensazioni inaspettate si scatenano in me.

Attrazione? Semplice simpatia? No, onestamente non so cosa sia ma so che con lei riesco a essere me stesso, riesco quasi a sentirmi di nuovo spensierato.

«Non avevo idea che ci fossero queste mega altalene da cui potersi godere questo panorama!», affermo.

«Mio caro Colin, te l'ho detto, è impossibile non amare questa città; la devi assaporare piano, imparare a conoscerla, gustare le sue tante sfaccettature e poi, sarà un grande amore».

«Inizio a capire ciò di cui stai parlando», mi ritrovo a pronunciare, ma no, io non parlo di New York.

Per qualche istante nessuno dice niente, in lontananza si sente della musica proveniente da qualche locale o festa privata e il rumore di un battello che solca il fiume.

Faccio fermare l'altalena, scendo e mi avvicino a quella di Meggy.

«Comincio ad avere una certa fame, se non sbaglio ci attende uno dei migliori hamburger della città», le rammento io.

Fa per scendere ma una delle ballerine rosa che indossa le sfugge dal piede.

La raccolgo e, rigirandomela tra le mani, esclamo:

«A quanto pare perdere una scarpetta è un po' una tua costante, proprio come Cenerentola!»

Si mette a ridere.

«Chissà se allora, questo mio vizio, un giorno mi farà incontrare anche il principe azzurro!»

Cosa? Ma allora il surfista che l'ha abbracciata con tanto trasporto non era il suo ragazzo?

Mi avvicino e le prendo il piede tra le mani, sulla caviglia ha un piccolo tatuaggio.

«Calza a pennello, signorina...»

Sollevo lo sguardo e incontro i suoi occhi.

«Davvero una perfetta Cenerentola», preciso mantenendo gli occhi fissi nei suoi.

Si alza, e si stringe nel leggero cappotto.

«Vieni, andiamo da Greg, ci aspetta il miglior panino di tutta New York».

Costeggiamo il fiume, Meggy continua a decantare le doti culinarie di questo suo amico, che a quanto ho capito dovrebbe avere un piccolo chiosco nei paraggi.

Ecco che lo vediamo, è proprio il classico furgoncino americano che siamo soliti avvistare nelle strade di New York. Alcuni ragazzi stanno aspettando la loro cena chiacchierando tra loro.

Ci avviciniamo, si sente un odorino invitante che stuzzica il mio appetito.

Meggy si protende verso di me e sorridendo mi sussurra:
«Affinché tu lo sappia... Cenerentola non mi è mai piaciuta molto, neanche quando ero piccola, ho sempre preferito altri personaggi».
La guardo e, sorridendo, puntualizzo:
«Qualcosa mi dice che tu abbia sempre preferito una certa Elizabeth Bennet!»
Si mette a ridere.
«Hai fatto centro».
Appena Greg la vede, un grande sorriso spunta sul suo viso.
«Ehi bellezza, era da un po' che non passavi di qua, cominciavo a pensare che avessi iniziato a mangiare gli hamburger della concorrenza!»
«Mai... i tuoi sono speciali! Ti ho portato anche un amico, è inglese e pure un tantino scettico, preparagli il miglior hamburger di tutta Manhattan!»
«Ai suoi ordini!»
Non sono mai stato il classico tipo che ama mangiare un panino per strada ma con Meggy tutto è diverso, perfino un hamburger può diventare una prelibatezza da guida Michelin.

29. Meggy

Con i nostri appetitosi hamburger andiamo a sederci ai tavolini panoramici che costeggiano il fiume.

«Era da diverso tempo che non passavo di qua, mi ero quasi dimenticata quanto fosse meraviglioso questo angolo della città. Guarda, da qui possiamo godere di una strepitosa vista su tutta Manhattan, sembra quasi di essere in una cartolina».

«Devo proprio ammettere che la vista da qui è pazzesca», concorda Mr. Disastro portandosi alle labbra la sua *Pepsi*.

Sorridendo, aggiunge:

«E questo panino è davvero superlativo, il migliore che avessi mai mangiato».

Soddisfatta, esclamo:

«Te lo avevo detto che gli hamburger di Greg non hanno rivali».

Proseguiamo a mangiare, si è alzato un leggero venticello che mi solletica le guance, ed ecco che mi ritrovo a guardare Colin.

Mantiene lo sguardo fisso oltre il fiume, a tratti sembra pensieroso come se di tanto in tanto una nuvola passeggera offuscasse la sua serenità; si passa la mano sul mento e poi beve un altro sorso della sua bevanda.

«Sai, non ero mai stato qui, se non fosse per l'inequivocabile vista sul ponte di Brooklyn non direi neanche di essere a New York», ammette voltandosi per incontrare il mio sguardo.

«Te l'ho detto, questa città è magica, devi solo voler vedere la sua magia. Se guardi con attenzione la puoi trovare in ogni angolo, in ogni strada...»

Lui si avvicina appena.

«Sai, non avevo mai incontrato nessuno che fosse tanto legato alla sua città, ne parli davvero con tanto amore».

Sorrido.

«Grazie».

Finiamo di mangiare, in tutto il molo siamo rimasti solo noi; ci alziamo e riprendiamo a passeggiare.

«Fino a oggi non avevo mai portato nessuno qui, è un luogo che ho sempre tenuto solo per me. Quando voglio riflettere o semplicemente rilassarmi staccando da tutto è proprio qui che vengo: un giro sull'altalena, il vento tra i capelli e la vista sulla città... nella mente, i pensieri svaniscono subito».

Colin si sofferma, e mi guarda.

«Beh, allora grazie, mi sento un po' un previlegiato!»

«Di niente, diciamo che sto cercando in tutti i modi di farti vedere New York con occhi diversi».

Lui si avvicina, si sente soltanto il rumore di un vaporetto che solca il fiume e della musica in lontananza.

Restiamo per un po' a fissarci, sento il suo respiro sul mio viso, Colin si protende verso di me, il cuore accelera e no, non può baciarmi. Se il mio istinto mi spinge a farmi travolgere da quello che sento in questo momento, la mia parte razionale mi riporta alla realtà. Colin è qui per risollevare le sorti di una rivista e poi se ne tornerà oltreoceano a Londra e io, invece, resterò qui con il cuore spezzato.

No, non posso e non voglio collezionare un'altra delusione così sono io a spostarmi.

«Prima di rientrare vorrei fare un altro giro su quelle rilassanti altalene», propongo.

«Non posso di certo oppormi dopo che ho mangiato il miglior hamburger di sempre e che mi hai mostrato questo meraviglioso angolo della città».

Torniamo ai grandi dondoli panoramici e comincio a oscillare.

Colin si avvicina alle mie spalle e comincia a spingermi.

«Sai, devo proprio dirti che sei sulla buona strada per farmi apprezzare questa città».

«Davvero? Mi sento decisamente soddisfatta anche perché per la nostra prossima gita ho pensato a qualcosa che ti lascerà davvero senza parole!»

Lo sento ridere.

«Così suona un po' come una minaccia».

Poi, mi chiede:

«Piuttosto, il tuo ragazzo non comincerà a essere geloso di tutte queste uscite? Non vorrei metterti nei guai...»

«Fidanzato?», ripeto io.

«Sì, il ragazzo tutto surf e capelli schiariti dal sole che ti ha abbracciato con tanto entusiasmo!»

«Stu? Sei pazzo, lui è mio fratello! Non potrei mai avere un fidanzato come Stuart, lui e io siamo esattamente agli antipodi».

«Quasi dimenticavo che non hai intenzione di accontentarti di un uomo normale, tu aspetti il tuo Mr. Darcy», ribatte alle mie spalle.

Mi volto appena cercando il suo sguardo.

«Perché accontentarsi quando puoi avere il meglio? Preferisco aspettare cento anni che finire tra le braccia dell'uomo sbagliato, sono certa che là fuori, da qualche parte, esista un perfetto galantuomo proprio come lui».

Così, sono io a domandargli:

«E tu invece? A Londra ti aspetta la tua Giulietta?»

Ride.

«Guarda che non sono un grande amante della letteratura inglese anche se devo ammettere che l'Inghilterra ha dato i natali a molte penne celebri».

Poi, aggiunge:

«No, non mi aspetta nessuna Giulietta, non sono fatto per l'amore, preferisco il mio lavoro».

«Mi dispiace ma adesso devo proprio dissentire, tutti siamo fatti per amare ed essere ricambiati, basta solo imbattersi nella persona speciale per te. Sono certa che anche un cuore arido come il tuo possa essere in grado di innamorarsi».

«Cuore arido, eh? Inizi ad andarci giù pesante, mia cara Cenerentola!»

Allungo i piedi per fermare l'altalena.

Scendo e imbronciata mi avvicino a Colin.

«Non chiamarmi Cenerentola, te l'ho già detto che non mi è mai piaciuta molto, se non fosse stata per la fata smemorina sarebbe ancora lì a piangere circondata da zucche e topolini!»

Si mette di nuovo a ridere.

«Non puoi essere tanto cattiva con Cenerentola, lei è la classica principessa che continua a credere nei propri sogni e aspetta con fiducia il vero amore».

Riprendiamo a passeggiare, di tanto in tanto le nostre mani, camminando, si sfiorano quasi impercettibilmente.

«Certo che tu sei proprio strano, vuoi apparire come un cinico disinteressato all'amore che non apprezza neppure la penna di Jane Austen e di Shakespeare e poi parli quasi sognante di un personaggio delle favole».

Si sofferma per guardarmi negli occhi.

«Sai, devo ammettere che ho sempre avuto un debole per Cenerentola e poi mia sorella ha due bambine che quando vado da loro mi fanno vedere sempre i cartoni della Disney. Anche se non si direbbe, sono un grande esperto in fatto di "principesse"».

Ridendo, esclamo:

«Magari un giorno incontrerai pure tu la tua Cenerentola a cui rimettere la scarpetta di cristallo».

Arriviamo alla stazione della metropolitana, solo qualche ragazzo e una coppia che si sta baciando incurante di tutto e di tutti.

«Allora, cosa ne dici della gita di oggi?», gli chiedo.

«Decisamente intensa e interessante. Non avrei mai pensato di riuscire ad assaporare dei bretzel al centesimo piano di Hudson Yards né tantomeno di gustarmi la vista sul ponte di Brooklyn seduto su di una altalena panoramica. Quindi direi proprio che mi hai stupito, cosa che riescono a fare in pochi».

«Non so se prenderlo o meno come un complimento», irrompo io.

Siamo sul binario ad attendere la metro, sollevo lo sguardo e i miei occhi si ritrovano nei suoi, quegli occhi verdi tanto profondi che sembrano essere capaci di leggere le mie emozioni.

Come se capisse i miei pensieri, si avvicina, non smette di fissarmi e fa per protendersi verso di me quando il rumore del treno in arrivo ci fa sobbalzare.

Mi sposto e, senza guardarlo, affermo:

«Vieni, non dovrebbe essere molto affollato».

Le porte automatiche si aprono e, con un bacio in sospeso, andiamo a sederci.

30. Colin

Chi l'avrebbe mai detto che un giorno qualcuno sarebbe stato capace di farmi salire su una terrazza al centesimo piano di un palazzo di Manhattan e di rimanere lì a mangiare degli orrendi bretzel... ma la cosa buffa è che, in tutto questo, io mi sono sentito vivo come non mi capitava ormai da tempo.

Siamo seduti sul treno quasi deserto, e io non riesco a spostare gli occhi dal suo viso.

Prima alle altalene e adesso sul binario della stazione mi sono sentito inspiegabilmente attratto da lei, dal modo in cui sorride, da come parla entusiasta della sua città, da quelle labbra che vorrei tanto poter assaporare.

Ma che sto dicendo? Non posso permettere a Meggy di abbattere il muro che a fatica ho costruito attorno al mio cuore; l'amore, ormai lo so, l'ho imparato sulla mia pelle, è solo una grande fregatura.

E poi Meggy e io siamo troppo diversi per non parlare del fatto che lei vive qui a New York mentre io ho tutto il mio mondo in Inghilterra.

Per parte del tragitto nessuno dei due parla, poi è lei a domandarmi:

«Per quanto pensi di restare?»

La guardo.

«Finito il mio lavoro salirò su un areo per rientrare a Londra, non avrei ragioni per trattenermi».

Noto una certa delusione nei suoi occhi.

«Sai stavo cominciando ad abituarmi a portarti in giro per la città e, a essere onesta, mi piaceva».

«Beh, se può farti piacere, ho ancora un discreto lavoro da fare qui a *GQ*».

Poi, aggiungo:

«Hai mai pensato di farlo come lavoro? Sì, intendo di portare i turisti in giro, mostrar loro gli angoli di New York proprio come stai facendo con il sottoscritto».

Si mette a ridere.

«Onestamente no, ho già i miei alunni e la scuola a tenermi occupata e poi, immagino che se lo facessi di professione, non sarebbe la stessa cosa».

Ci apprestiamo a scendere, uscendo dalla metro mi ritrovo ancora a osservarla e non riesco a smettere di pensare a quanto sia meravigliosa nella sua semplicità.

Entriamo nel nostro palazzo, stranamente il signor Rudyard non è giro a sistemare qualcosa qua e là, e aspettiamo l'ascensore.

«Grazie per la giornata, penso proprio che se non mi avessi praticamente costretto non sarei mai salito al centesimo piano dell'Edge».

Si mette a ridere.

«Guarda, mentre eri troppo occupato a stressarti per l'altezza ho scattato alcune foto».

Prende dalla sua borsetta il cellulare e mi mostra alcuni scatti: uno è un selfie di noi insieme in cui sto mangiando dei bretzel.

«Questa è meravigliosa!», ammetto.

«Quella è la mia preferita, se mi dai il numero del tuo cellulare te la mando così, quando stenterai a credere di averlo fatto davvero, questa foto ti dimostrerà che non stavi sognando, che hai davvero mangiato degli orribili bretzel su una terrazza panoramica al centesimo piano».

Le porte automatiche dell'elevatore si aprono.

Usciamo entrambi e sulla porta del suo appartamento le do il mio numero.

«Beh, io vado... grazie davvero».

Meggy mi guarda, si protende verso di me e mi dà un lieve bacio sulla guancia.

«Mi ha fatto piacere accompagnarti... buonanotte».

Per un attimo restiamo lì, a fissarci e con un'irrefrenabile voglia di baciarla.

Indugio con lo sguardo sulle sue labbra color pesca, faccio per avvicinarmi pericolosamente alla sua bocca quando il suono del mio cellulare mi richiama all'ordine.

«Buonanotte», concludo io voltandomi e risalendo in ascensore.

Prendo lo smartphone e rispondo a quel numero che da troppo tempo sto ignorando.

«Non ho nulla da dirti, quindi non sprecare il tuo tempo a richiamarmi», sbotto riattaccando.

Apro la porta del mio attico, non so cosa mi stia succedendo, forse è solo attrazione ma qualcosa mi spingerebbe a scendere di sotto e suonare al campanello di Meggy per attirarla verso di me e baciarla.

Quelle labbra sono diventate un pensiero fisso.

Mi verso un bicchiere di vino e mi lascio cadere sul divano.

31. Meggy

Che strano, poco fa sulla porta ho avuto la sensazione che Mr. Disastro volesse baciarmi e, onestamente, non mi sarei tirata indietro.

Anche oggi insieme a lui ho trascorso un pomeriggio spensierato, abbiamo riso e ci siamo divertiti proprio come fanno dei vecchi amici che non si vedono da un po'.

Ma è questo che siamo?

Perché io adesso non ne sarei più tanto certa.

Dopo l'ennesima delusione sentimentale mi ero ripromessa che avrei fatto di tutto per stare alla larga dall'amore. Soprattutto, dagli uomini come Colin che vantano un alto potenziale di spezzarti il cuore ma lui sembra aver risvegliato sensazioni che non provavo da tempo, tanto tempo.

Oscar si avvicina e mi osserva infilare il morbido pigiama.

«E tu che dici, Colin potrebbe essere il Mr. Darcy che da tanto stavo aspettando?», domando al mio fidato amico.

Lui mi guarda con quegli occhietti vivaci e salta sul letto.

Prendo un libro, una nuova commedia romantica, e mi sdraio sul mio king size.

Sto leggendo quando un trillo mi avvisa che ho appena ricevuto un messaggio: è Colin.

"Ti volevo ringraziare, quando sono con te riesci sempre a farmi staccare da tutto e da tutti. Stavo, infatti, pensando di chiedere alla direttrice se potesse inserirmi come nuovo alunno nella tua classe!"

Un sorriso spunta sulle mie labbra.

"Un alunno un po' grandicello..."

Un attimo e leggo:

"Non si è mai troppo grandi per imparare, e da te, mia cara signorina Clayton, si apprendono sempre molte cose... ho già cominciato a chiedermi dove mi porterai alla prossima uscita!"

D'un tratto mi ricordo che questo weekend sarò occupata con la scuola, abbiamo le prove con tutte le classi dell'istituto per lo spettacolo e, a seguire, la recita, quindi non penso proprio che riusciremo a vederci.

"Mi dispiace davvero ma questa settimana sarò molto impegnata con il mio lavoro... abbiamo la recita con tutte le sue relative prove, quindi penso proprio che dovremo rimandare la nostra gita".

Attendo qualche istante ed ecco un altro messaggio.

"Non preoccuparti, immagino che riuscire a mettere in piedi un saggio scolastico non sia per niente semplice. Onestamente, io non saprei neppure da dove cominciare per coordinare un gruppetto ristretto di pargoli, figuriamoci intere classi!"

Sorridendo, rispondo:

"A ognuno il suo lavoro. Beh, io vado a dormire... buonanotte".

Dopo un istante leggo:

"Sogni d'oro, Cenerentola..."

Mi metto a ridere.

"Hai intenzione di chiamarmi così?"

"Cenerentola ti si addice... buonanotte, principessa..."

Con un sorriso stampato sulle labbra spengo l'abat-jour e mi acciambello nel letto.

***

È dall'inizio della settimana che mi trattengo di più a scuola, quando la recita si avvicina le cose da fare sono sempre tante.

Adesso sono con Liv nella palestra per finire di dipingere lo scenario.

«Allora, come va tra te e il tuo bel Mr. Darcy?», mi chiede lei aprendo l'ennesimo barattolino di pittura per legno.

Sollevo gli occhi dal pannello per incrociare gli occhi furbi della mia amica.

«Come devo ripeterti che Colin non è affatto il mio Mr. Darcy? Al massimo, puoi chiamarlo Mr. Disastro che mi pare decisamente più appropriato!»

Mi guarda appena e poi, riprendendo il suo lavoro, ribatte:

«Sarà pure come dici tu ma, se vuoi la mia opinione, sono convinta che quell'esemplare di maschio inglese abbia scalfito il muro che avevi eretto».

Fa una piccola pausa e mi chiede:

«Così, tanto per parlare, dove lo hai portato nel fine settimana?»

Accidenti, speravo tanto che non mi facesse questa domanda.

«Niente di particolare, un giretto per Hudson Yard», taglio corto io.

La mia amica smette per un istante di pitturare e, fissandomi dritta negli occhi, replica:

«Nello specifico?»

Con *nonchalance* mi ritrovo ad ammettere:

«Gli ho mostrato la vista che si gode dalla terrazza dell'Edge e poi siamo andati al Pier 35».

Tanto per sviare la conversazione, provo a domandare:

«E tu invece hai visto altri appartamenti?»

Liv posa il pennello.

«Gli immobili che ho visto non sono di certo interessanti quanto la tua uscita con Mr. Disastro! Non avevi mai portato nessun uomo lì, quello è l'angolo della città che più ami e avevi sempre detto che volevi che restasse solo tuo. Se il tuo cuore ti ha suggerito di andarci con lui è perché, inconsciamente, sa che Colin è davvero il Mr. Darcy che stavi tanto aspettando».

«Liv, penso proprio che stai vedendo troppi film d'amore, la cosa è molto semplice: Colin mi ha chiesto di fargli scoprire dei luoghi particolari della città e il molo con le sue altalene da cui si può osservare il ponte di Brooklyn lo è. È tutto molto semplice e logico».

Poi, preciso:

«Il mio Mr. Darcy è là fuori da qualche parte, non l'ho ancora incontrato».

Dalla porta, il signor Mutton esclama:

«Mi dispiace disturbarvi ma in tutto l'istituto siete rimaste solo voi... vorrei poter chiudere e andare a casa, stasera vengono i miei nipotini a cena, è il compleanno di mia moglie!»

Liv e io ci alziamo dal linoleum togliendoci i glitter dai vestiti.

«Ci scusi se ci siamo attardate ma, come sa, per lo spettacolo le cose da fare sono sempre tante...»

L'uomo, col volto segnato dalle numerose rughe, ci sorride sistemandosi gli occhiali.

«Lo so, lo so... lavoro qui dal lontano 1980 e posso garantire che per ogni recita è sempre la stessa lo storia. Buona serata».

«Anche a lei e tanti auguri per sua moglie».

Liv e io ci chiudiamo la pesante porta a battenti della Primrose School alle spalle e ci apprestiamo a uscire in strada.

«A domani, mi raccomando ricordati di portare i glitter argentati per la scena degli spazzacamini», mi rammenta la mia collega e amica.

«Tranquilla, appena entro in casa li metto subito nella shopper. Buona serata».

Liv mi guarda.

«Dammi retta, fermati a comprare del sushi e bussa alla porta di Colin, sono certa che apprezzerebbe».

Voltandomi appena rispondo:

«Sono esausta, voglio farmi una doccia e buttarmi sul divano con un caffelatte e dei cookies da sgranocchiare... alla prossima!»

È una sera mite, ormai la primavera è arrivata e in città gli alberi si sono tinti di nuove sfumature.

Per tutto il tragitto nella metro mi ritrovo a pensare a Colin e alle parole della mia amica.

Non avevo mai portato nessun uomo al molo, volevo che quell'angolo della città fosse tutto mio e invece non ci ho pensato un attimo a condividere quel luogo, per me speciale, con lui.

Sono arrivata a casa, sto aspettando l'ascensore e spero tanto di veder arrivare Colin nel suo impeccabile completo di alta sartoria ma niente, forse sarà ancora occupato al lavoro.

Passo la serata mangiando biscotti e guardando un vecchio film, quando mi infilo nel letto, guardo il cellulare e vorrei tanto scrivergli un messaggio ma poi decido che la cosa più sensata da fare è spegnere l'abat-jour e dormire.

32. Colin

È dalla nostra uscita che non la vedo, ogni giorno rientrando a casa ho sperato di incontrarla ma a quanto sembra i nostri orari non collimano.

Sono appena entrato in ascensore e d'impulso, senza pensare, digito sulla pulsantiera il piano di Meggy, ho voglia di vederla, anche solo per un attimo. La immagino aprire la porta in uno di quei suoi ridicoli pigiami, incrociare il mio sguardo e poi regalarmi uno dei suoi sorrisi.

Mi ritrovo sulla porta del suo appartamento, so che tutto questo è solo un errore e che invece non dovrei far altro che starmene alla larga da Meggy ma qualcosa mi suggerisce di assecondare la strana sensazione che provo quando sono con lei.

Sto per bussare quando il suono del mio cellulare mi fa sobbalzare.

Ancora quel numero a cui non ho intenzione di rispondere.

Innervosito mi volto e risalgo in ascensore.

33. Meggy

Tra una cosa e l'altra eccoci arrivati alla giornata più attesa da tutti gli studenti della Primrose School, il giorno dello spettacolo!

In casa ho già sistemato vicino alla porta i vari sacchi con i costumi di scena dei bambini che, a causa di una colica renale della sarta, ho potuto ritirare solo questo pomeriggio mentre uscivo da scuola.

Con i capelli ancora umidi inizio a darmi una rapida truccatina.

Un filo di ombretto, un leggero rossetto rigorosamente di una tonalità *nude* e poi provo a raccogliere i capelli in una sorta di ordinato chignon anche se al momento tutto è tranne che ordinato.

Come avevo deciso, indosso un abitino a fiori che avevo comprato la scorsa stagione ai saldi, infilo le costose *Louboutin* in una busta — di certo non sono le scarpe più indicate per fare un tragitto in metro con tutti questi sacchi — e calzo delle pratiche ballerine blu.

Passo dal salotto per fare una carezza a Oscar che se ne sta placidamente dormendo sul divano, prendo tutte le buste e, messo il cappotto, esco sul pianerottolo.

Accidenti ho scordato la borsetta in casa, faccio per rientrare ma una folata di vento fa chiudere la porta.

Per un attimo resto lì a fissare la serratura, sono sull'orlo di una crisi isterica, sono chiusa fuori casa!

Mi guardo subito attorno, ho con me tutti i sacchi con i costumi di scena, se fossero rimasti nell'appartamento sarei impazzita, però nella shopper, che è ovviamente chiusa in casa, oltre alle chiavi ho il portafoglio con l'abbonamento della metro e il cellulare.

Salgo in ascensore, non posso far altro che chiedere al signor Rudyard di poter fare una telefonata a mia mamma o a mio fratello e farmi portare la copia delle chiavi.

Quando le porte automatiche si aprono corro dal fidato tuttofare del palazzo.

«Signor Rudyard, sono rimasta chiusa fuori casa... potrei fare una telefonata?», domando.

«Certo, Miss Clayton, non me lo chieda neanche», risponde lui porgendomi il suo cellulare.

Provo a chiamare mio fratello che, come al solito, non risponde e poi i miei che, divertiti, mi informano di essere in un teatro a Broadway per la prima di un nuovo spettacolo.

Guardo l'orologio appeso alla parete, tra una telefonata e l'altra sono in ritardo e, come se questo non fosse già sufficiente a farmi impazzire, proprio oggi fanno pure dei lavori sulla linea della metro che sono solita prendere per andare al lavoro.

Non posso far altro che andare a scuola in taxi anche se, considerata l'ora di punta, potrebbe non essere un'idea grandiosa.

«Signor Rudyard, sarebbe così cortese da chiamarmi un taxi?»

«Certo, Meggy, provo subito».

Dopo varie telefonate sembrerebbe che nessun taxi possa raggiungere Riverside Drive prima di mezz'ora.

Cazzo, cazzo, e adesso che faccio?

Ecco che, sorridente, nel suo elegante completo di alta sartoria, vedo comparire Colin.

«Buonasera a tutti».

Notando la mia faccia, aggiunge:

«Tutto a posto?»

Il mio sguardo passa dal signor Rudyard a Mr. Disastro.

«Tutto a posto?», ripeto io furente.

«No, non è niente a posto... è il giorno dello spettacolo e io dovrei già essere nel teatro dell'istituto e invece eccomi qua, chiusa fuori casa con una dozzina di costumi da pinguino e altrettanti da spazzacamino».

Prima che uno dei miei interlocutori possa aggiungere qualcosa puntualizzo:

«E ovviamente sembrerebbe che nessun taxi della città possa passare di qui prima di mezz'ora!»

Colin si china e inizia a raccogliere le varie buste che ho sparpagliato attorno al desk del signor Rudyard.

«Su muoviti, Tom è ancora qua fuori, ci faremo accompagnare da lui a scuola!»

Non mi dà il tempo di proferire parola che mi sospinge fuori dal palazzo e apre la portiera dell'Audi.

«Tom, cambio di programma», dichiara aiutandomi a entrare in macchina con tutti i sacchi.

Poi, mi chiede:

«Dove dobbiamo andare?»

«East Manhattan 82nd Street».

L'auto si immette nella strada trafficata e prosegue su Morningside Drive. Mi volto e, guardando Colin, mi limito a dire:

«Grazie davvero, non so proprio come avrei potuto fare».

Mr. Disastro mi fissa con quei suoi occhi verdi e, accennando un sorriso, allunga la mano per sfiorarmi la guancia:

«Mi sembra davvero il minimo, tu sei sempre tanto cortese e disponibile e... poi mi fa piacere passare un po' di tempo con te».

Al suo tocco, una scossa mi percorre la schiena.

«Grazie».

Colin, guardando l'orologio che ha al polso, chiede all'autista:

«Tom, quanto dovremmo impiegare? Miss Clayton è attesa dai suoi alunni, deve arrivare in tempo per sistemarli... non possiamo deludere i suoi bambini!»

«Mr. Inerton, dobbiamo solo attraversare il parco... stia tranquillo che porteremo la signorina in perfetto orario dai suoi studenti».

Mr. Disastro si volta e, incrociando il mio sguardo, appoggia la sua mano sopra alla mia.

Nessuno dei due dice niente, per il resto del tragitto restiamo così, le sue dita che si muovono lente accarezzando quasi impercettibilmente la mia mano, osservando una caotica Manhattan attorno a noi.

***

Appena l'auto si ferma nei pressi del rinomato istituto scolastico, Colin e io ci precipitiamo fuori dalla macchina.

Mi dà una mano con tutti i sacchi portandomeli fino all'imponente porta a battenti su cui svetta a caratteri ben visibili il nome della nostra scuola.

«Beh, adesso che sono riuscito a far arrivare l'amata maestra dai suoi piccoli allievi, posso tornare a casa», afferma sulla scalinata apprestandosi a scendere.

Lo trattengo per la mano.

«No, resta... so che non si tratta della prima di un noto spettacolo teatrale, ma mi farebbe davvero piacere se rimanessi. È pur sempre qualcosa di diverso e insolito che potresti aggiungere nella tua rubrica, e poi, detto tra noi, i miei bambini sono degli attori strepitosi!»

Si mette a ridere.

«Quello non lo metto in dubbio, ma non vorrei esserti d'impiccio... immagino che avrai molte cose da fare e sistemare».

Mi avvicino un altro po' e, fissandolo in quegli occhi verdi che provocano in me tante sensazioni, aggiungo:

«Non devi far altro che seguirmi e magari aiutarmi a chiudere qualche zip».

Mi guarda e, passandosi la mano sul viso dove affiora una leggera barba di qualche giorno che lo rende assurdamente sexy, accetta:

«Allora, che stai aspettando?»

Fa cenno con la mano all'autista di andare e, da autentico galantuomo, mi apre la porta.

«Prima le signore».

34. Colin

Appena apriamo la porta a battenti dell'istituto scolastico rimango esterrefatto dal notevole viavai di adulti e bambini per non parlare poi del rumore che regna nell'edificio.

Bimbi, dai più piccolini ai più grandicelli, entrano ed escono dalle aule seguiti da quelle che immagino siano le loro insegnanti.

«Ehi, Meggy! Stavo cominciando a pensare che avessi deciso di fuggire da tutto questo!»

Una ragazza alta con dei simpatici occhiali rosa si avvicina.

«Liv, non ne parliamo... sono rimasta chiusa fuori casa e stasera sembrava proprio che nessun taxi di New York potesse portarmi a scuola in orario».

Poi, voltandosi a incrociare il mio sguardo, aggiunge:

«Se non mi avesse accompagnato Colin, penso che a quest'ora sarei ancora a casa».

Mi avvicino e protendo la mano verso la nostra interlocutrice.

«Piacere, io sono Colin, il nuovo vicino di Meggy».

La ragazza mi stringe la mano.

«Piacere mio, sono Liv, una delle amiche storiche, nonché collega, della nostra Meggy».

Quest'ultima prende la parola:

«Andiamo, i bambini sono parecchio eccitati, non vorrei che buttassero giù l'aula!»

Liv, avvicinandosi al mio orecchio, sussurra:

«Non spaventarti Colin, quei piccoli umanoidi sanno essere molto impegnativi ma Meggy riesce sempre a farli rigare dritto!»

Le seguo fino ad arrivare a una porta socchiusa da cui si sentono grida e schiamazzi.

Meggy si volta e, sorridendo, mi chiede:

«Pronto?»

Annuisco.

Nell'istante in cui Meggy spalanca la porta, un nutrito gruppo di bambini corre ad abbracciarla.

«Signorina Clayton, signorina Clayton, pensavamo che non ci volesse più bene e che non sarebbe venuta!», grida una bambina minuta con delle treccine bionde e dei vispi occhi azzurri.

Meggy si abbassa alla sua stessa altezza e, accarezzandole la guancia, la rassicura:

«Wendy, non avrei mai e poi mai deciso di non venire, siete la mia classe speciale... sono solo rimasta chiusa fuori casa e ho impiegato un po' di tempo per arrivare qua».

I bambini, dopo aver abbracciato la loro maestra, sembrano spostare la loro attenzione sul sottoscritto.

«E lui chi è? Il suo fidanzato?», domanda un bimbo paffuto a cui l'amica di Meggy sta cercando di chiudere la zip di una salopette.

Noto un certo imbarazzo in Meggy.

«No, Kevin, Colin è un mio amico, è stato lui a darmi un passaggio fino a qui».

«Sembra carino, ricorda un po' quegli attori che piacciono tanto alla mamma!», puntualizza un'altra bambina.

Meggy e io ci guardiamo e non possiamo far altro che metterci a ridere.

«Su, adesso cominciamo a prepararci, un meraviglioso spettacolo ci aspetta!», incoraggia loro l'amata maestra.

Mi ritrovo a guardarla vestire con tanto amore e dolcezza quei bambini, dispensare carezze e sorrisi e, dove necessario, anche qualche rimprovero.

La osservo pettinare le bambine e truccare i volti dei piccoli spazzacamini, sistemare con meticolosità i papillon ai simpatici pinguini e apportare qualche ritocco qua e là.

Noto un bambino in disparte e mi avvicino a lui.

«Ehi, ciao, io sono Colin e tu invece come ti chiami?», provo a domandargli.

Il piccolo solleva lo sguardo.

«Ciao... mi chiamo Archibald».

«Piacere Archibald, il tuo è un nome che mi piace molto, anche mio nonno si chiamava come te... non mi sembri contento come i tuoi amici, come mai te ne stai qua da solo?», chiedo.

«Sai, Miss Clayton mi ha dato una parte importante e io ho paura di sbagliare e non rendere fiero di me mio papà. Lui è sempre fuori per lavoro ma oggi invece è venuto a vedere la nostra recita e non vorrei deluderlo».

Protendo la mano per fare una carezza sul viso del mio piccolo amico.

«Se fossi tuo padre sarei molto orgoglioso di avere un figlio come te, Archibald, e sono certo che anche tuo papà già lo sia».

Alle nostre spalle sento:

«Ehi, cosa state facendo voi due?»

Meggy si avvicina e si china per poter vedere negli occhi il suo allievo.

«Archibald, tutto a posto? Lo sai che mi puoi dire qualsiasi cosa, io sono qua per voi».

Il bimbo spiega la stessa cosa alla maestra, poi sposta gli occhioni da lei al sottoscritto e viceversa.

«Ascolta, lo so che il tuo papà è spesso fuori e che vorresti che invece passasse più tempo con te, ma purtroppo il lavoro porta i grandi lontano da casa. Ti vuole molto bene e sono certa che sia fiero di te a prescindere dalla tua parte nella recita. Tu e tua sorella, poi, avete vostra mamma che invece è molto presente e so già che sarà molto emozionata. Adesso voglio vedere un bel sorriso, va bene?»

La guardo abbracciare Archibald e non posso fare a meno di pensare che questi bimbi hanno un grande dono ad avere Meggy come maestra, alla loro età avrei tanto voluto pure io un'insegnante tanto dolce e amorevole, penso che siano proprio le persone come lei a fare la differenza.

Mi ritrovo di nuovo a guardarla: trucca con della finta fuliggine i volti dei suoi piccoli spazzacamini, aiuta qualcun altro a indossare il costume di scena, riascolta ad altri la propria parte del copione e riesce perfino a distribuire delle simpatiche caramelle – che è solita mangiucchiare – agli attori "in erba" per evitare possibili cali di zuccheri.

Poi, la vedo riunire tutti i bambini a formare un cerchio attorno a lei, tutti protendono le mani una sopra all'altra e in coro gridano con entusiasmo:

«Cacca, cacca, cacca!»

Meggy stringe uno a uno i suoi allievi in un abbraccio e ordinatamente si mettono tutti in fila per uscire dall'aula e raggiungere il teatro della scuola.

«Ehi Colin, seguimi...»

Faccio come mi ha detto, passiamo per il vasto istituto scolastico e arriviamo a una porta dove leggo: "Quinte".

Meggy sistema gli attori a gruppetti nelle varie quinte aiutata dalla sua amica.

A un tratto il chiacchiericcio in sala svanisce, parte una vivace melodia e si accendono le luci sul palco.

***

«È sempre una grande emozione vederli recitare, si sono impegnati tanto per mettere su questo spettacolo...», mi sussurra all'orecchio.

Nel momento in cui il sipario si apre, i bambini, visibilmente emozionati, fanno la loro entrata sul palcoscenico.

Iniziano così a recitare, ballare e cantare.

Gli attori si muovono con sicurezza passando da una scena all'altra.

Meggy osserva loro con grande orgoglio; quando è il momento del piccolo Archibald noto una lacrima percorrerle la guancia.

Mi avvicino e le cingo con il braccio le spalle.

«Sai, quando un bimbo timido come lui riesce a tirare fuori tutto se stesso uscendo dalla sua corazza di insicurezza come sta facendo adesso, non riesco proprio a non emozionarmi...», ammette lei.

«Direi che la loro maestra ha fatto proprio un ottimo lavoro!», puntualizzo.

Lei si volta, i suoi occhi sono fissi nei miei e le nostre labbra troppo vicine.

Cosa mi stai facendo, Meggy? Sono venuto qua per lavorare, con l'unico intento di tornarmene quanto prima in Inghilterra e adesso invece non vorrei far altro che restarmene qui con te.

Abbassa lo sguardo e, fissandosi i piedi, esclama:

«A quanto pare poi, tra una cosa e l'altra, mi sono dimenticata di cambiarmi le scarpe. Nella shopper avevo portato le *Louboutin* giusto per sembrare più credibile agli occhi dei genitori...»

La guardo, alcuni capelli sono sfuggiti dallo chignon.

«Quindi avevi portato con te delle perfette scarpette da Cenerentola?», la canzono io annullando il poco spazio rimasto tra noi.

«Mi dispiace ammetterlo ma quelle ricordano davvero le sue scarpette di cristallo...», precisa lei.

Fa per spostarsi ma io la trattengo per i fianchi.

Tutt'intorno si sentono solo le note della dolce melodia che Mary Poppins intona come ninna nanna, i bambini in questo momento sono tutti sul palco e io non voglio far altro che baciarla.

35. Meggy

I bambini stanno riuscendo a mettere in piedi un autentico spettacolo e io, con un misto d'emozione e orgoglio, non potrei essere più soddisfatta e fiera di tutti loro.

Mi volto, Mr. Disastro si avvicina.

«A quanto pare poi, tra una cosa e l'altra, mi sono dimenticata di cambiarmi le scarpe. In una shopper avevo portato le *Louboutin* giusto per sembrare più credibile agli occhi dei genitori...»

Colin si avvicina ancora, riesco praticamente a percepire il suo respiro sul mio viso.

«Quindi avevi portato con te delle perfette scarpette da Cenerentola?», mi prende in giro divertito.

«Mi dispiace ammetterlo ma quelle ricordano davvero le sue scarpette di cristallo...»

Faccio per allontanarmi, stare così vicina a Colin potrebbe essere decisamente pericoloso soprattutto stasera che sono investita da un miscuglio di sensazioni contrastanti, ma lui mi trattiene a sé.

I nostri occhi sono gli uni in quelli dell'altro, respiro l'ormai familiare aroma della sua acqua di colonia, lui continua a guardarmi, sembra non aver la minima intenzione di spostare altrove il suo intenso sguardo.

Prima che io possa dire o fare qualcosa, praticamente sulle mie labbra, mi sussurra:

«Avrei voluto farlo dal primo giorno che ti ho incontrata...»

Si protende verso di me e mi bacia.

Le sue labbra, come una carezza leggera, si muovono delicate sulle mie, prendendosi tutto il tempo che vogliono.

Avverto le sue mani che mi accarezzano lente la schiena, salgono e scendono scatenando in me sensazioni che non ricordo, forse, di aver mai provato.

Il suo bacio, dapprima dolce, si fa sempre più intenso e carico di passione, come se le nostre bocche non desiderassero altro che potersi assaporare.

Nel momento in cui la musica finisce so che devo necessariamente allontanarmi dalle sue labbra.

Mi sposto quel tanto da riuscire a vedere, come da copione, i vari gruppetti rientrare nella propria quinta.

Per qualche istante nessuno dei due dice niente, io cerco di riappropriarmi del ruolo di maestra anche se adesso non è semplice.

Lo spettacolo prosegue, di tanto in tanto qualche bambino cerca il mio sguardo, io sorrido con amore.

I piccoli attori stanno uscendo di nuovo tutti sul palco, prima che cali il sipario, per ringraziare il pubblico.

Colin alle mie spalle mi abbraccia cingendomi con le mani i fianchi.

«Davvero uno spettacolo meraviglioso», mi sussurra all'orecchio.

Avvicina le labbra, sfiorandomi la spalla rimasta leggermente scoperta dal vestito, e aggiunge:

«Anche se per tutto il tempo devo ammettere di aver avuto occhi solo per la maestra...»

Mi volto appena sorridendo.

Lui posa di nuovo la bocca sulla mia per darmi un altro bacio, adesso più intenso, come se non desiderasse altro che possedere le mie labbra, mentre i miei alunni si stanno godendo i meritati applausi della platea.

I bimbi cominciano a reclamare a gran voce la loro maestra:

«Miss Clayton! Miss Clayton!»

Colin sorride e mi sospinge:

«Vai, è il tuo momento, Cenerentola!»

Mi volto appena per incontrare il suo sguardo divertito e, senza essermi poi ricordata di cambiarmi le scarpe, salgo sul palco.

Rivolgo subito un grande applauso ai miei piccoli studenti che appena mi vedono corrono ad abbracciarmi.

Me li abbraccio tutti, uno dopo l'altro emozionata, poi qualcuno passa un bouquet di tulipani a Wendy che, fiera, me lo porge.

«Signorina Clayton, questi sono per te!»

Abbraccio di nuovo la mia simpatica allieva e, non sapendo neppure come, mi ritrovo tra le mani il microfono.

«Buonasera a tutti, come ogni anno è per me un grande piacere e onore essere qui con tutti voi. Innanzitutto, voglio ringraziare loro, i miei bambini, per aver messo in scena un meraviglioso spettacolo, siete stati tutti degli attori strepitosi, riuscite sempre a regalarmi tante emozioni».

Mi volto e applaudo i bimbi alle mie spalle, la platea mi imita con un lungo battito di mani.

«Ovviamente ringrazio tutti voi seduti qua in sala per aver riposto in me la vostra fiducia affidandomi i vostri bimbi in questo importante percorso di crescita; grazie, grazie con tutto il cuore. Non posso che chiedere ai miei colleghi, Liv, Jeremy e alla signorina Norgen di raggiungermi sul palco... questo spettacolo non sarebbe stato possibile senza il loro contributo, sono stati fondamentali».

Liv, seguita dagli altri docenti, mi raggiunge sul palco, gli spettatori iniziano subito ad applaudire.

Riprendo la parola:

«Infine, ovviamente, ci tengo a ringraziare la nostra direttrice senza la quale non avremmo mai potuto realizzare tutto questo».

Altro applauso.

«A questo punto non posso far altro che augurarvi una buona serata. Gli attori, appena si saranno cambiati, vi aspettano in classe per poter andare a casa. Ancora grazie e a presto!»

Tutto il pubblico applaude, i bambini fanno un altro inchino mentre si chiude il sipario.

«Siete stati meravigliosi!», dico agli alunni intenti a mettersi in fila in modo ordinato.

Colin si avvicina:

«Sei stata superlativa».

Incrocio il suo sguardo.

«Vacci piano, potrei iniziare a crederlo davvero...»

Rientrati nella nostra aula, insieme a Liv, do una mano ai bambini a cambiarsi quando Wendy, indicando Colin, mi chiede:

«Miss Clayton, ma lui è il tuo fidanzato? Perché quando mi sono girata ho visto che vi stavate baciando!»

Liv solleva subito lo sguardo dalla zip di uno dei pinguini e incrocia i miei occhi drizzando le orecchie.

Io, in imbarazzo, mi limito a dichiarare:

«Siamo solo amici... piuttosto dove hai messo la felpa?», chiedo io alla bimba tanto per deviare la conversazione altrove.

Liv, da autentica ficcanaso, subito interviene:

«Ecco qui il tuo giacchino Wendy, probabilmente Miss Clayton stasera è un tantino distratta...»

La mia allieva subito torna alla carica:

«Miss Clayton, ma gli amici allora si possono baciare sulle labbra? Perché io non bacio in quel modo nessuno dei mei compagni».

Liv, divertita, si intromette:

«Ma no, cara, solo i grandi possono farlo con amici molto ma molto speciali!»

In quel mentre, a togliermi da questa chiacchierata tra donne decisamente imbarazzante, bussano alla porta e diversi genitori iniziano a reclamare i propri pargoli.

Liv, tra un cambio d'abito e l'altro, si avvicina e, al mio orecchio, mi sussurra:

«Sembra che qualcuno abbia trovato davvero il tanto atteso Mr. Darcy...»

«È stato solo un bacio, non vuol dire nulla», puntualizzo io.

La mia amica, iniziando a sistemare il caos che regna in tutta l'aula, ribatte.

«Sono certa che, al contrario, voglia dire molto di più di quanto tu sia disposta ad ammettere».

La signorina Norgen arriva a disturbare la nostra conversazione:

«Meggy, va' pure a casa, ti sei data tanto da fare, qui mettiamo in ordine noi».

«No, resto volentieri a dare una mano, non preoccuparti».

Quando abbiamo restituito tutti i bimbi alle legittime famiglie, e dato una parvenza di ordine alla stanza, mi appresto a uscire dall'istituto scolastico con Mr. Disastro.

Adesso che mi ritrovo da sola con Colin, non so davvero come comportarmi, sono in imbarazzo per il bacio di poco fa e non riesco a trovare nulla di divertente di cui parlare.

Siamo ancora nei pressi della Primrose School quando lui, come se mi leggesse nel pensiero, interviene:

«Miss Clayton, la vedo alquanto nervosa stasera, devo dedurre che sia legato a quanto accorso poco fa tra noi due».

Mi volto, lui mi guarda divertito mostrandomi quel suo sensuale sorriso sghembo.

«Mr. Inerton, adesso parla pure come un perfetto gentiluomo dell'800? Guardi che, nonostante tutto l'impegno che potrà riservare a questa faccenda, non riuscirà di certo ad avvicinarsi all'eleganza e al fascino senza tempo del solo e unico Mr. Darcy!», ribatto io, adesso, più rilassata.

Lui, osservandomi di sottecchi, si sofferma e, avvicinandosi alla mia bocca, asserisce:

«Lei dice, miss Clayton? Perché il sottoscritto non ama perdere il confronto con nessuno, neppure con un perfetto eroe romantico nato dalla penna della Austen».

Prima che possa aggiungere qualcosa, Colin mi prende il viso tra le mani e con passione mi bacia.

Un bacio differente rispetto all'altro: passionale, desideroso di assaporare la mia bocca. Le sue labbra si muovono sulle mie come se si conoscessero da sempre, in perfetta sintonia. Avverto le sue mani che si muovono sulla mia schiena tenendomi stretta a lui.

Il suono di un clacson ci distoglie da questa piacevole parentesi.

L'autista, abbassando il finestrino, ci dice:

«Mi dispiace disturbare ma state occupando un succulento posto per la mia auto».

Colin, guardandomi divertito, intreccia le sue dita alle mie e riprendiamo a camminare.

«Anche se ho già intuito che non lo ammetterai mai, proverò in tutti i modi a farti convincere del fatto che, il qui presente Colin Inerton di Kensington, in Londra, può essere molto più interessante del tuo Mr. Fitzwilliam Darcy!»

Non posso fare a meno di ridere.

«Vedremo...»

Camminando, siamo arrivati alla stazione della metro quando mi ricordo che per tutta la giornata fanno dei lavori proprio sulla linea che sono solita prendere da casa al lavoro e viceversa.

«Che stupida, non possiamo usare la metro, come vedi da questo cartello tutte le corse sono sospese».

Colin si avvicina.

«Nessun problema, chiamo subito un taxi».

Mi ritrovo a guardarlo parlare al cellulare, di tanto in tanto i suoi occhi incrociano i miei, poi allunga la mano per sfiorami la guancia.

«Il taxi sta arrivando», mi informa.

Non avrei mai immaginato di sentirmi di nuovo così, come una ragazzina alla prima cotta, e invece, con lui è tutto così semplice.

«A cosa stai pensando?», mi chiede.

Mi soffermo a guardarmi le punte delle ballerine poi alzo lo sguardo per incrociare le sue iridi.

«Pensavo che stasera sto provando tante strane emozioni, sensazioni che forse non avevo mai provato», ammetto.

Mr. Disastro si avvicina ancora annullando il poco spazio rimasto tra noi.

«Sai, è proprio ciò che stavo pensando pure io...»

Si è alzato un leggero vento a scompigliarmi i capelli, in sottofondo il rumore del traffico e il battito del mio cuore.

Il taxi sta arrivando, prima che si fermi aggiungo:

«Penso proprio che, con un po' di impegno, potresti anche essere un soggetto interessante».

Poi, puntualizzo:

«Ovviamente niente a che vedere non Mr. Darcy».

«Su questo non avevo dubbi».

Sorridendo saliamo nel taxi.

36. Colin

Sono seduto su uno dei noti *Yellow Cab* nella città che fino a poco tempo fa tanto odiavo e che adesso, invece, vedo con occhi decisamente diversi.

Mi volto appena e mi ritrovo ancora a fissare il suo viso con quelle simpatiche lentiggini che tanto mi piace.

Lei si avvicina, io l'attiro verso di me cingendole le spalle con il braccio.

Non avrei di certo immaginato che venendo qui mi sarei imbattuto in questa pazza ragazza newyorkese che, con la sua smisurata passione per Jane Austen e per la sua città, mi avrebbe fatto provare tutto questo.

A essere onesto non so ancora cosa sia questo miscuglio di sensazioni che provo quando sono con lei ma quello che so per certo è che Meggy mi piace da impazzire.

Il taxi si ferma al 440 Riverside Drive, pago la corsa e ci incamminiamo all'interno del palazzo residenziale.

Il signor Rudyard, appena ci vede, si avvicina.

«Buonasera, signori».

Poi, domanda:

«Miss Clayton, com'è andato lo spettacolo dei suoi ragazzi?»

«Sono stati meravigliosi, sono molto orgogliosa e fiera di tutti loro».

«Sono davvero contento per lei Meggy e, piuttosto, per le chiavi ha risolto?»

Meggy si volta a guardarmi. Lasciando cadere sul pavimento la disordinata shopper, esclama:

«Mi sono passate completamente di mente… e adesso come posso fare?»

Il signor Rudyard sposta lo sguardo da lei al sottoscritto.

«Potrei suggerirle di riprovare a chiamare i suoi genitori?»

«Sono a vedere un nuovo spettacolo teatrale a Broadway, non posso far altro che riprovare con mio fratello Stu anche se dubito che risponderà!»

Passo a Meggy il mio cellulare ma, come aveva previsto, suo fratello non risponde.

«Non posso far altro che aspettare che arrivi il mattino e andare a prendere la copia delle chiavi a casa dei miei».

Rivolgendosi al portiere, domanda:

«Potrei restare qui nella sua postazione?»

«Miss Clayton, faccia come ritiene meglio, per me non è assolutamente un problema».

Intromettendomi nella conversazione, propongo:

«Meggy, non puoi trascorrere qui tutta la notte, il mio appartamento è ampio e ho diverse stanze libere, ti ospito volentieri!»

«Miss Clayton mi sembra proprio che ciò che le ha appena suggerito Mr. Inerton sia la cosa più appropriata da fare… poi, in mattinata, si recherà in tutta tranquillità a riprendersi le chiavi».

Meggy mi guarda, sembra in imbarazzo.

«Non vorrei dare fastidio».

«Assolutamente, su adesso andiamo».

Salutiamo il simpatico "tuttofare" del palazzo e saliamo in ascensore.

«Beh, sembrerebbe proprio che stasera tu non faccia altro che togliermi dai pasticci».

Le sfioro appena la guancia con le punte delle dita.

«Se la fata madrina non avesse dato una mano a Cenerentola, neppure lei sarebbe potuta andare al gran ballo alla reggia».

«Ma allora tu sei proprio fissato con Cenerentola, eh?»

Si mette a ridere.

«Diciamo che il paragone rende bene l'idea».

L'ascensore si ferma al ventitreesimo piano, Meggy mi segue sul vasto pianerottolo.

«Vieni, entra pure, non vorrai passare tutta la notte sulla porta di casa»!

Da autentico gentiluomo, l'aiuto a togliersi il cappotto e la faccio accomodare in salotto.

«Considerata l'ora e che non mangio praticamente da questa mattina, proporrei di preparare qualcosa per cena...»

«Ma hai saltato il pranzo?», mi domanda.

«Avevo una riunione online con la sede di Londra e tra una cosa e l'altra ho preso solo un espresso».

Meggy si alza e, arrotolandosi le maniche del vestito, annuncia soddisfatta:

«Dal momento che sei stato così gentile mi renderò utile preparando qualcosa, sono un'ottima cuoca, sai?»

Sorrido.

«Onestamente non ti ci vedo molto a destreggiarti ai fornelli ma magari mi sbaglio e riuscirai a sbalordirmi con una ricetta da chef!»

Le faccio strada in cucina.

«Cosa ti serve?», le chiedo.

«Vediamo cosa offre la tua dispensa anche se qualcosa mi dice che non sia granché rifornita».

Apre il frigo e inizia a indagare al suo interno.

«Come immaginavo!»

Inizia a tirare fuori delle uova, il bacon, e scova pure della panna da cucina che non ricordavo neanche di aver mai comprato.

«Hai della pasta, possibilmente lunga?», mi chiede

Dal pensile le porgo un pacco di spaghetti di una nota marca italiana.

«Bene, come primo farò il mio piatto preferito: la carbonara di cui sono la regina indiscussa!»

Non posso che mettermi a ridere.

«E tu invece di ridere guarda di recuperare un po' farina, zucchero, latte e delle pepite di cioccolato... in alternativa, anche del cacao in polvere andrà benissimo».

Faccio come mi ha detto e dispongo tutti gli ingredienti sul bancone.

«Sai, penso che prima d'ora nessuno abbia mai cucinato in questa cucina, almeno da quando sono qui io».

Lei si volta appena continuando a preparare l'impasto per quello che immagino sia il dolce.

«Non ho mai pensato che tu fossi il tipo che ama cucinare».

«Beh, su questo non posso darti torto. Vado a prendere una bottiglia di vino da aprire, questa serata merita un brindisi».

Prendo dalla mia collezione uno Chardonnay e quando torno in cucina mi soffermo sulla porta a osservarla.

Ha acceso la radio e si è tolta le scarpe, a piedi nudi ancheggia a ritmo di musica rigirando la pasta nella pirofila. I miei occhi indugiano sulle sue gambe e devo ammettere che, questa immagine di Meggy che prepara la cena nella mia cucina, è una delle immagini più sensuali che abbia mai visto. Si volta per prendere un mestolo dalla penisola quando sobbalza.

«Accidenti, non mi ero accorta che fossi tornato!»

«Mi ero fermato un attimo a guardarti».

Sembra in imbarazzo.

«Salto la pasta in padella e poi direi proprio che possiamo iniziare».

«Allora, vado a preparare la tavola».

Prendo dal comò un runner, le stoviglie di Limoges e i calici, quando Meggy arriva con la pirofila.

«Accipicchia, Mr. Inerton... che *mise en place* di classe!»

Incrocio il suo sguardo.

«Le cose, quando le faccio, mi piace farle a dovere».

Da autentico gentiluomo inglese, le sposto la sedia.

«Prego, Miss Clayton, si sieda pure, per oggi mi pare proprio che abbia lavorato anche troppo».

Mi sorride e riempie con attenzione i nostri piatti.

«Spero che ti piaccia, generalmente tutti apprezzano sempre molto la mia carbonara».

Mi porto la forchetta alla bocca e devo proprio ammettere che sono i migliori spaghetti che abbia mai mangiato.

«Sono perfetti, devo fare i complimenti alla cuoca!»

Proseguiamo a mangiare tra una chiacchiera e l'altra. Meggy mi parla del suo lavoro e io le racconto qualcosa del mio e, con occhi vivaci, mi fa un sacco di domande su come si realizza una rivista.

Riempio di nuovo i nostri bicchieri e, senza spostare gli occhi dai suoi, suggerisco:

«Come ti ho detto questa serata merita un brindisi».

«E a cosa vorresti brindare? Abbiamo per caso qualcosa da festeggiare?», mi domanda rigirandosi la coppa di vino tra le mani.

Vorrei dirle che sì, vorrei brindare a lei e a come riesce a farmi sentire, ma invece mi sento dire:

«Al miglior spettacolo teatrale che abbia mai visto!»

Faccio tintinnare il mio bicchiere con il suo.

I suoi occhi, tanto intensi, mi scrutano da dietro il calice.

«Grazie... oggi se non fosse stato per te non so davvero come avrei potuto fare».

Si alza.

«Vado a prendere il dolce, mi sembra di aver sentito suonare il timer».

Mi avvicino all'ampia finestra che dà sulla terrazza e spalanco la porta. Resto lì per qualche istante a fissare i palazzi illuminati che si stagliano tutt'intorno.

«È una serata meravigliosa, dovresti uscire là fuori. Dopo essere stato su una delle terrazze più alte di tutta New York penso proprio che potresti provarci», sento alle mie spalle.

Meggy si avvicina ed esce in terrazzo, poi si volta e protende la mano verso il sottoscritto.

Fisso i suoi occhi e, afferrando la sua mano, esco in terrazza.

37. Meggy

Siamo qua fuori, sulla terrazza del suo appartamento, tutt'intorno a noi solo il rumore del traffico giù in strada; le sue dita sono intrecciate alle mie, mentre, mi sfiora la guancia e si avventura verso il parapetto.

«Cavolo, Mr. Inerton, sta davvero facendo dei progressi non indifferenti con le altezze... devo complimentarmi con lei», esclamo io prendendolo un po' in giro.

Colin mi attira a sé.

«Tutto merito della mia guida, dovresti proprio conoscerla... è una ragazza molto simpatica e divertente e, detto tra noi, anche decisamente sensuale».

I miei occhi incontrano i suoi, resto lì a fissarlo perdendomi in quelle iridi verdi che sembrano percepire le mie sensazioni.

«Adesso, Cenerentola, penso proprio che ti bacerò», mi sussurra praticamente sulle labbra annullando il poco spazio rimasto tra noi.

La sua bocca si muove lenta, dapprima come una carezza appena accennata che lentamente si fa poi più audace.

Le sue mani si muovono sulla mia schiena, mi accarezzano le spalle per poi riscendere.

Sono quasi stordita da questo bacio, avverto sensazioni nuove che non avevo mai provato.

«Perché quando sono con te è come se il mondo intero si fermasse?»

La parte razionale di me, però, mi suggerisce di spostarmi, so che Colin non può essere il mio tanto atteso Mr. Darcy; finito il suo lavoro tornerà in Inghilterra e io, invece, resterò qui con il cuore spezzato.

«Forse dovremmo rientrare, il dolce ormai dovrebbe essere della giusta temperatura», affermo nonostante il cuore mi dica l'esatto contrario.

Mr. Disastro mi trattiene ancora un istante per stamparmi, sull'incavo della spalla, un bacio.

Torniamo in cucina e taglio le nostre porzioni.

Ci gustiamo la torta accompagnata dall'ennesimo bicchiere di vino e ci tratteniamo a parlare del progetto a cui sta lavorando.

Mi alzo per pulire le stoviglie.

«Ma no, non preoccuparti, ci penserà la signora Prickest con calma».

«Assolutamente, se sporco sono abituata a rimettere le cose in ordine. Ci vorrà un attimo!»

Inizio a dare una rapida sciacquata ai piatti che ripongo nella lavastoviglie.

«Dovresti dire alla signora Prickest di cercare di utilizzare sempre i programmi eco, in media consumano circa la metà dell'energia di un normale ciclo di lavaggio», preciso facendo partire la lavapiatti.

Colin si mette a ridere.

«Avevo quasi dimenticato la tua attenzione alla salvaguardia dell'ambiente; ti assicuro che glielo farò presente».

Poi, mi domanda:

«Vuoi vedere un film?»

«Onestamente, dopo questa giornata, sono talmente esausta che mi addormenterei alla prima scena... se per te non è un problema, andrei a dormirei».

«Vieni, ti mostro la stanza degli ospiti».

«Mi dispiace arrecarti tanto disturbo... non so davvero come ringraziarti», ammetto imbarazzata.

«Meggy, mi fa davvero piacere e poi ho potuto assistere a una meravigliosa rivisitazione di Mery Poppins e, per quanto riguarda la cena, sei stata tu a prepararla. Fossi stato da solo, mi sarei ritrovato a ordinare l'ennesimo sushi della settimana che, detto tra noi, non amo neppure tanto».

Lo guardo.

«A questo punto non posso far altro che accettare la tua cortese offerta».

Mr. Disastro mi sorride e, cavolo, è una delle cose più belle che abbia mai visto.

Lo seguo nella camera, un arredamento moderno, di design e decisamente minimal, Colin si volta a guardarmi.

«Forse dovresti metterti qualcosa di più comodo per dormire, se vuoi posso darti una mia felpa, credo sia perfetta come camicia da notte».

Lo seguo nella sua stanza; nell'ampia cabina armadio svettano, in modo ordinato, sugli appendiabiti, vari completi e giacconi.

«Accidenti, questo luogo è il sogno proibito di ogni donna!», esclamo osservandomi intorno mentre Colin tira fuori dal comò una felpa con il simbolo della nazionale inglese di calcio.

Lui mi guarda mettendosi a ridere.

«Dovrai accontentarti di questa, in alternativa possiamo provare a convocare la tua fata Smemorina, ricordo che era molto disponibile con Cenerentola!», mi canzona lui.

«Per una simile sciocchezza, preferisco non disturbarla... mi accontenterò della tua maglia».

Me la porge e, avvicinandosi, mi dà un lieve bacio sulle labbra.

«Buonanotte, principessa».

«Buonanotte e… grazie davvero».

Torno nella mia stanza, mi spoglio e infilo la sua felpa. È decisamente grande ma almeno starò comoda.

Scosto le coperte e mi acciambello nel letto; sul cuscino mi sembra quasi di percepire l'odore della sua acqua di colonia, quel misto di agrumi e legni che ormai mi è tanto familiare.

Spengo l'abat-jour e provo a dormire ma nonostante la stanchezza continuo a rigirami in quel grande king size.

Non ne voglio proprio sapere di prendere sonno, forse sarà tutta l'emozione e l'adrenalina di questa assurda giornata o forse sarà semplicemente il fatto di sapere Mr. Disastro nel mio stesso appartamento.

Continuo a rigirarmi, provo a contare le pecore, a ricorrere a qualche tecnica di rilassamento che ha provato a insegnarmi Liv ma nulla sembra essermi utile.

Mi alzo, forse se provassi a bere un bicchiere di latte potrebbe conciliarmi il sonno. Apro la porta e, facendo attenzione a non fare rumore, vado in cucina.

Prendo dal frigo il latte quando alle mie spalle sento:

«Neanche tu riesci a dormire?»

38. Colin

Sono sdraiato sul letto e sto inutilmente cercando di dormire, ma la mia mente non fa altro che pensare a lei e a ciò che ho provato baciandola.

Sensazioni che non provavo da tempo, tanto tempo.

Sapere poi che Meggy è nell'altra stanza tra le coperte con indosso soltanto la mia felpa mi fa letteralmente impazzire.

Di questo passo penso proprio che non chiuderò occhio e che sarà una lunga notte.

Dopo essermi rigirato più volte nel letto, decido di alzarmi, magari fare qualche passo e bere un bicchiere d'acqua mi farà rilassare un po'.

Faccio per andare in cucina quando la vedo passare furtiva.

La seguo, ha afferrato nel frigo il cartoccio del latte e se ne sta versando una tazza. Si è sciolta i lunghi capelli castani che le scivolano lungo la schiena, i miei occhi indugiano sulle sue gambe nude e devo ammettere che anche con la mia felpa è decisamente l'immagine più sexy che abbia mai visto.

«Neanche tu riesci a dormire?», le domando.

Lei si volta di soprassalto.

«Cavolo, non ti avevo sentito, mi hai spaventata».

«Scusa non volevo... a quanto pare nessuno dei due riesce ad addormentarsi».

Scrutandola da capo a piedi, aggiungo:

«Sta molto meglio indosso a te che al sottoscritto!»

Sembra in imbarazzo.

«Vuoi una tazza di latte?», mi domanda portandosi la mug alla bocca.

«No grazie, volevo solo un bicchiere d'acqua».

Mi ritrovo ancora a guardarla; so che l'unica cosa che vorrei è poter assaporare ancora quelle labbra.

Si siede sull'alto sgabello alla penisola, la felpa le sale leggermente sulle cosce, io cerco di spostare lo sguardo.

«Invece dovresti berne un po', dicono che il latte rilassi e favorisca il sonno», suggerisce lei posando la tazza.

Mi avvicino.

«E questo lo dice Jane Austen in uno dei suoi romanzi?»

Mi dà una pacca sulla spalla.

«Che stupido, è risaputo che nel latte è contenuto il triptofano dal quale deriva la serotonina».

«Io prediligo di gran lunga un bicchiere di vino che accentua le percezioni sensoriali e aiuta a rilassarsi».

Mi avvicino un altro po', adesso avverto il suo respiro e l'odore dolce del suo shampoo.

«Penso che anche il tuo Mr. Darcy lo avrebbe gradito».

«Adesso, non metterlo in mezzo. Mr. Darcy non si tocca!», sancisce.

Mi avvicino un altro po' e, praticamente sulle sue labbra, le sussurro:

«Sai cosa penso? Che se il tuo eroe romantico adesso fosse qui farebbe esattamente quello che sto per fare io».

Con un filo di voce mi chiede.

«E cosa farai, Colin?»

Mi protendo verso di lei e inizio a delineare una scia di baci che dalle sue labbra scendono giù fino alla clavicola per poi risalire lentamente fino alla sua bocca.

Socchiude gli occhi buttando leggermente il capo all'indietro.

Io continuo, poi è lei ad attirarmi a sé baciandomi con passione.

Le mie mani si muovono sulla sua schiena per poi intrufolarsi sotto alla felpa e risalire fino ai seni, sentire la sua pelle nuda sotto alle mie mani mi fa impazzire.

«Smettiamola, è un errore», propone lei senza smettere però di baciarmi.

«Io, invece, penso che anche Mr. Darcy approverebbe».

La sollevo, lei cinge con le gambe i miei fianchi e mi dirigo nella mia camera.

39. Meggy

La mia bocca sembra non aver intenzione di spostarsi dalla sua, mi solleva, io gli cingo i fianchi con le cosce e, senza mai smettere di baciarmi, apre la porta della sua stanza.

Le mie mani si fanno strada sotto alla sua t-shirt muovendosi sopra i suoi addominali tesi poi, con un movimento deciso, riesco a sfilargli la maglietta.

Respiro l'ormai inconfondibile odore della sua acqua di colonia che in questo momento quasi mi stordisce; con una mano apre appena la zip della mia maglia e inizia a delineare una scia di baci che dalla mia bocca scende giù lenta.

Le sue mani si soffermano sui miei seni nudi, il cuore accelera, sto quasi per impazzire. Poi lentamente riprende ad aprirmi la felpa che dalle mie spalle lascia scivolare giù sul tappeto restando così, quasi praticamente nuda, sotto ai suoi occhi.

Mi sospinge delicatamente sul letto e si protende sopra di me baciandomi con passione.

Con una mano mi accarezza mentre con l'altra tiene le mie ferme oltre la mia testa, sento le sue dita giocherellare con l'elastico dei miei slip, una scossa mi pervade.

Quando riesco a liberare le mani dalla sua presa mi sollevo appena ritrovandomi sopra di lui; fisso per un attimo i suoi occhi e poi riprendo a baciarlo.

Praticamente sulla mia bocca, lo sento sussurrare:

«Se vuoi fermarti, Meggy, fallo adesso, perché poi credo che potrei impazzire...»

Non dico niente, mi limito soltanto a baciarlo.

Quando ormai ogni nostro indumento si è aggiunto agli altri sul pavimento, tra un bacio e l'altro, mi perdo completamente in lui.

40. Colin

Se mi avesse fermato, sono certo che sarei impazzito; siamo sdraiati nel mio letto, la sua testa appoggiata al mio petto, le mie braccia attorno a lei e le sue mani che disegnano dei cerchi sulla mia spalla.

Fuori ha iniziato a piovere, si sente solo il lento e regolare rumore della pioggia contro i vetri della finestra.

«A cosa stai pensando?», mi domanda.

Con la mano le accarezzo il fianco appena scoperto dalla trapunta.

«Non sto pensando a niente, sto soltanto facendo mio ogni attimo, ogni gesto, ogni sensazione... tutto questo deve essere vissuto, non c'è spazio per i pensieri».

Per un attimo non dice nulla, continua a delineare dei cerchi con le dita sulla mia pelle, poi sorridendo esclama:

«Devo ammettere che non avrei mai immaginato che tu e io saremmo passati dal fare una passeggiata a Central Park a questo».

Mi metto a ridere.

«Vedere con te la città è decisamente interessante, ma niente a che vedere con questo».

Mi protendo su di lei, baciandola.

«Anzi, che ne diresti di riprendere da dove eravamo rimasti?»

Si solleva appena e, facendo finta di pensarci su, mi dice:

«Avevo in mente di portarti a fare una passeggiata ma, considerato che sta piovendo, posso prendere in considerazione la tua offerta».

Mi metto a ridere sollevandola sopra di me.

«La passeggiata può attendere».

***

Siamo seduti nella mia cucina, Meggy con indosso una delle mie camicie è decisamente sexy e stiamo cercando di fare colazione.

«Devo passare dai miei per riprendere le chiavi di casa, è da ieri pomeriggio che Oscar è da solo in casa, non vorrei che fosse impaurito», ammette lei addentando una fetta del dolce che aveva preparato per la nostra cena improvvisata.

«Scusa ma non penso proprio che il tuo mordace amico possa essere spaventato, non mi sembra affatto il tipo da intimorirsi a restare da solo in casa!»

«Non parlare così di Oscar! Se ti ha aggredito è stato solo per difendersi».

Alzo le mani in segni di resa.

«Va bene, va bene, non dirò nulla del tuo simpatico coinquilino ma ti ricordo che stava per staccarmi un testicolo con i suoi "dentini"!»

«Quello è solo un dettaglio», ribatte lei.

Aggiungendo un po' di zucchero al mio caffè, le domando:

«Mi chiedevo dove avessi intenzione di portarmi, il weekend è già cominciato da un po'!»

Sembra pensarci su.

«Allora facciamo così, prima passiamo a riprendere le chiavi e poi ho già un'idea su cosa potremmo fare».

Mi allungo oltre la penisola per baciarla.

«Ai suoi ordini principessa».

Mi guarda e si mette a ridere.

41. Meggy

Tra un bacio e l'altro, uscire di casa si è rivelato più complesso del previsto, e solo intorno a metà mattina riusciamo a incamminarci alla stazione della metro.

I miei genitori abitano da sempre in una palazzina a Clinton Hill, una zona residenziale molto tranquilla, dove io e mio fratello Stuart siamo cresciuti.

Il treno non è molto affollato e riusciamo addirittura a sederci.

«Se non sei mai stato a Clinton Hill, immagino che ti piacerà, è una zona molto diversa rispetto a Manhattan, tranquilla e per certi aspetti potrebbe ricordare un po' qualche quartiere di Londra», gli spiego prendendo dalla borsetta una caramella.

Mr. Disastro mi dà un bacio sull'incavo della spalla e mi accarezza la coscia, proprio come se tutti questi gesti fossero abituali tra noi.

«Penso di non esserci mai stato, piuttosto, cosa penseranno i tuoi vedendoti arrivare con il sottoscritto? Non vorrei metterti in imbarazzo... se preferisci, posso tranquillamente aspettarti in strada».

«Non se ne parla affatto! Vedrai, i miei non sono dei ficcanaso, anzi, non fanno mai domande proprio per non mettere nessuno in imbarazzo. Con mio fratello Stu hanno fatto un gran allenamento, ogni fine settimana portava sempre a casa una ragazza diversa».

Quando abbiamo comprato al chiosco i biglietti della metropolitana ho preso anche il quotidiano per poter approfittare del tragitto per fare il cruciverba.

Lo tiro fuori dalla borsa e, accoccolata tra le braccia di Colin, inizio a leggere le varie definizioni.

Per un attimo penso che in questo momento sono proprio nell'unico posto dove vorrei essere, tra le braccia di un uomo meraviglioso, con un cruciverba da risolvere e una caramella gommosa da assaporare.

È forse questa la felicità?

E Colin è davvero il Mr. Darcy che stavo tanto aspettando?

Mi volto appena e incrociando il suo sguardo penso che la risposta sia scontata: ho trovato il mio Mr. Darcy.

***

Quando usciamo dalla stazione della metro e ci incamminiamo verso casa dai miei, Colin, guardandosi attorno, afferma:

«Devo ammettere che non sembra neppure di essere a New York, è una zona decisamente più tranquilla rispetto a Manhattan».

«Te l'avevo detto, per certi versi potrebbe anche ricordare qualche quartiere di Londra».

Si avvicina e mi mette il braccio attorno alle spalle.

«Sai, penso che un po' per tutti valga la stessa cosa che mi dicesti qualche tempo fa: per amare una città la devi saper assaporare e io credo proprio che tu, Londra, non l'abbia mai davvero scoperta... sono certo che poi la vedresti con occhi differenti».

«Chissà, forse un giorno potrei anche farmi coraggio, salire di nuovo su un aereo e tornare in Inghilterra per una vacanza».

Colin si sofferma a scrutarmi.

«Hai paura di volare?»

«Diciamo che è da parecchio che non lo faccio e che preferisco altri mezzi».

Poi, aggiungo:

«Eccoci arrivati, quella palazzina con i gerani alle finestre è dove abitano i miei... allora mi accompagni?»

Colin sembra pensarci su, poi, sfoderando quel suo sorriso sghembo che mi fa impazzire, mi dice:

«Volentieri, sempre che non ti metta in imbarazzo».

Mi avvicino e, dandogli un lieve bacio sulle labbra, gli sussurro:

«Non ci pensare... su, adesso andiamo».

Suoniamo al campanello e, dopo alcuni istanti, vediamo comparire sulla porta mio padre con gli occhiali da vista sul naso e una tuta da lavoro.

«Tesoro, non sapevo che saresti passata».

Spostando lo sguardo da me a Mr. Disastro aggiunge: «Entrate, tua mamma ha appena preparato i pancakes, adesso sta sistemando le piante in giardino».

«Papà, lui è Colin Inerton, si è trasferito qua per lavoro, ha preso in affitto l'appartamento del ventitreesimo piano».

Mio padre gli stringe la mano.

«Piacere Colin, io sono Goeffrey».

«Piacere mio, signor Clayton, sa, Meggy è stata così cortese a darmi una mano ad ambientarmi in città».

Mio padre ci fa strada in giardino dove vedo mia mamma, in perfetta tenuta da giardinaggio, indaffarata a piantare delle camelie.

«Vivian, smetti un attimo di lavorare, abbiamo ospiti!», la canzona mio padre divertito.

Mamma, sorridente, con il viso già leggermente abbronzato, viene ad abbracciarmi.

«Amore, mi dispiace di non averti portato le chiavi di casa ma tuo padre mi aveva regalato i biglietti per un nuovo musical a Broadway e ieri sera quando ci hai chiamati eravamo proprio a teatro».

Notando Colin alle mie spalle, gli porge la mano:

«Come avrai intuito, io sono Vivian, la mamma di questa meraviglia».

Colin, divertito, incrocia per un istante il mio sguardo e le stringe la mano presentandosi.

«Su, adesso seguitemi, stamattina ho preparato dei pancakes che non chiedono altro di essere mangiati!»

Mi ritrovo seduta allo stesso tavolo che mi ha vista crescere in compagnia della mia famiglia e dell'unico uomo che sia riuscito a far battere di nuovo un cuore deluso dall'amore.

Colin sembra a suo agio con i miei, racconta loro del suo lavoro e, sereno, ascolta qualche aneddoto sulla mia adolescenza e sui tanti guai combinati da mio fratello.

Giusto per spostare l'attenzione altrove, domando a mia mamma.

«Quale spettacolo ti ha portato a vedere papà?»

«Guarda, è stato davvero meraviglioso; se avete occasione, e se a Colin facesse piacere vederne uno qui in città, vi suggerisco proprio quello: *Cinderella*.

Colin e io ci guardiamo mettendoci a ridere.

Mia madre ci osserva interrogativa.

«Ridiamo solo perché anche noi avevamo pensato di andarlo a vedere e anzi, volevamo proprio acquistare i biglietti», mento io.

«Già, ho un debole per le varie rivisitazioni di Cenerentola!», precisa Mr. Disastro.

Restiamo ancora un po' a chiacchierare poi, dopo l'ennesimo pancake, decidiamo di incamminarci.

«Colin, è stato davvero un piacere conoscerti, se ricapiti da queste parti passa a trovarci quando vuoi», gli dice mio padre sulla porta di casa.

«Grazie Signor Clayton, buona giornata».

I miei mi stringono in un abbraccio e mia mamma, come sempre, non si dimentica di rammentarmi di mangiare.

«Deve essere un punto fisso di tutte le madri ricordare ai propri figli di nutrirsi in modo corretto ed equilibrato!», preciso io ridendo.

«Immagino che quando avrai dei bambini farai anche tu la stessa cosa».

Per un attimo non dico niente, penso a quanto ha appena detto Colin.

«Sembri strana, tutto a posto?», mi domanda come se mi avesse letto nel pensiero.

«Sai, in questi anni non avendo mai trovato l'amore con la A maiuscola, non avevo mai davvero pensato ad avere dei bambini, facendo il mio lavoro è indubbio che mi piacciano molto ma mi sono sempre accontentata di crescere i figli di altri insegnando loro valori che a mio parere vanno oltre gli insegnamenti scolastici».

Colin si sofferma, incrociando il mio sguardo.

Proseguo:

«I miei alunni devono sapere che su di me possono sempre contare, non sono lì soltanto per impartire i rudimenti della grammatica o della matematica, ma per dar loro una mano a diventare grandi».

Sapere che in qualche maniera contribuisco a rendere quei piccolini dei ragazzi e poi degli adulti migliori mi fa stare bene».

Mr. Disastro si ferma e, senza spostare gli occhi dai miei, afferma:

«Sono certo che un giorno sarai una mamma meravigliosa Meggy e, come ti ho già detto, confermo che i tuoi alunni, ad averti come insegnante, hanno avuto un regalo immenso».

Mi sposta una ciocca dal viso e mi bacia.

È un bacio dolce, lento, delicato, da poter essere gustato in ogni sfumatura, che si prende tutto il tempo che vuole.

«Tu, Meggy Clayton, non stai soltanto cambiando la mia visione su questa città ma stai cambiando me e, devo ammettere che, preferisco di gran lunga questa versione di Colin a quella di qualche tempo fa».

Abbracciati, proseguiamo a camminare, la sua mano che mi accarezza il fianco e le sue labbra che, di tanto in tanto, sfiorano appena le mie.

Passeggiando, ci ritroviamo proprio nel piccolo parco dove da piccoli mio fratello e io giocavamo spesso a basket, qui è rimasto tutto come allora: la solita panchina scrostata dalla pioggia, lo stesso albero sotto al quale leggevo nelle vacanze e il vecchio canestro che ha visto molte partite giocate tra le tante risate.

«Non puoi dire di aver conosciuto New York senza aver giocato a basket in un tipico campetto, su vieni!», lo incito io ridendo.

Colin mi guarda e, ridendo, mi segue.

42. Colin

Meggy ha chiesto a dei ragazzini, che si stavano rilassando ascoltando della musica, se potevano prestarci il loro pallone per qualche tiro.

Siamo uno di fronte all'altra nel piccolo campo, Meggy si rigira il pallone tra le mani.

«Allora, ti avviso che, avendo un fratello appassionato degli *Knicks*, ho trascorso interi pomeriggi giocando a basket, quindi dovrai impegnarti parecchio».

«Sono uno a cui non piace perdere, mia cara signorina Clayton, quindi vale la stessa cosa anche per te».

Siamo fermi uno davanti all'altra al centro del campo, Meggy inizia a palleggiare con le punte delle dita, mantenendo gli occhi fissi nei miei, poi inizia a muoversi con abilità e scaltrezza verso il canestro.

Provo a toglierle palla ma niente, con agilità riesce a superarmi, poi si ferma per un istante, afferra la palla con entrambe le mani, si allinea con il canestro e compie ancora un palleggio.

Alza il pallone e nel momento in cui decide di tirare fa un piccolo salto in alto sospingendo la sfera che, roteando, finisce diretta nel canestro.

Meggy esulta soddisfatta.

«Te l'avevo detto che avresti dovuto impegnarti!»

Le tolgo la palla di mano e inizio a palleggiare, ma lei è più abile di quanto immaginassi e riesce a rubarmela, corre e con un altro tiro fa di nuovo canestro.

Mi guarda negli occhi ridendo, poi eccola di nuovo partire alla carica.

La seguo con lo sguardo, poi sono io a braccarla afferrandola alle spalle e trattenendola.

«Così non vale, non conosci le regole del gioco?», sbuffa mentre, divincolandosi, cerca di sfuggire dalla mia presa.

Io la faccio in qualche modo voltare e, senza spostare le mani dai suoi fianchi, la bacio.

«Non è corretto distrarre in questo modo l'avversario», sussurra sulle mie labbra.

Restiamo lì, fermi in quel piccolo campo da basket, il vento leggero che sa ormai di primavera ci scompiglia i capelli, e noi non vogliamo far altro che goderci un altro bacio.

«Lo sai che tu riesci a farmi perdere completamente la razionalità?», le confido.

«E questo sarebbe un pregio o un difetto?», mi chiede.

«Direi proprio che sia un pregio, mia cara signorina Clayton, anche se chiamarti Cenerentola mi piace di più», dico io ridendo.

Restituiamo il pallone a quei giovani e, mano nella mano, riprendiamo la nostra passeggiata.

«Allora, dove andiamo adesso?»

Si volta e, spostandosi una ciocca di capelli dal viso, dichiara:

«Vorrei tornare a Central Park, è una meravigliosa giornata e poi ho in mente per te qualcosa di... magico direi!»

Prendiamo la metro, scendiamo alla stazione di Columbus Circle e ci addentriamo nel parco.

«Sai, devo ammettere che la tua New York sta iniziando a piacermi», ammetto io.

«Non avevo dubbi che sarei riuscita a farti cambiare idea, non puoi non innamorartene».

Già, vorrei dirle che è proprio così, non puoi non innamoratene, ma io non sto parlando della città. Da quando ho conosciuto Meggy sono cambiato, non me ne sono reso neanche conto, ma è stata lei a fare il miracolo.

A Londra non facevo altro che lavorare, passavo da una donna all'altra, e non mi godevo niente, ero troppo preso dai ritmi frenetici che il mio lavoro imponeva.

Poi è arrivata lei, spontanea, simpatica, di una dolcezza disarmante e sensuale allo stesso tempo e, tra una corsa in ascensore e l'altra, mi ha fatto vedere il mondo da un'altra prospettiva.

«Pensavo... come procede il tuo lavoro?», mi domanda.

«Direi che non ci possiamo lamentare».

Mi volto, sembra pensierosa.

«Sei cupa, non è da te... tutto a posto?»

Alza le spalle.

«Lo so che ci conosciamo da poco, ma se fosse per me vorrei tanto che tu avessi ancora molto da fare qui a New York».

Mi fermo e la guardo negli occhi.

Vorrei dirle che ho iniziato a valutare l'idea di restare qua con lei ma qualcosa mi trattiene.

Poi è lei a parlare:

«Eccoci arrivati! Ci aspetta un meraviglioso giro sulla rinomata giostra di Central Park».

«Ma non possiamo, siamo adulti, quella è per i bambini!», le ricordo io di rimando osservando il carosello girare.

«Non sopporto questa affermazione! Sai qual è il problema?», mi ammonisce lei seria.

«Che le persone quando diventano adulte si dimenticano che un tempo sono state pure loro bambine... io amo il mio lavoro proprio per questo, ogni giorno i miei alunni, con i loro sorrisi e la loro spontaneità, me lo rammentano!»

Fa una piccola pausa e aggiunge:

«E adesso, mio caro Mr. Inerton, alza i tacchi e seguimi su quella giostra!»

La guardo e non posso fare a meno di mettermi a ridere.

«Se me lo dici con questo tono non posso di certo rifiutarmi».

Intreccio le dita alle sue e la seguo a fare i biglietti.

Sulla giostra osservo diversi bambini di varie età che, divertiti, galoppano il proprio destriero; Meggy mi prende per mano e mi trascina su due cavalli che trainano proprio il rinomato cocchio a forma di zucca.

In sottofondo le note rilassanti di varie canzoni che hanno fatto da colonna sonora a diversi film Disney; il carosello inizia lentamente a girare.

Mi volto a guardarla, ride soddisfatta guardando il sottoscritto in visibile imbarazzo, poi allunga la mano per afferrare la mia.

«Non è meraviglioso? Sono certa che saranno almeno una trentina di anni che non ti facevi un giro su una giostra!»

Fisso quegli occhi e, sorridendo, ammetto:

«Solo tu potevi riuscire a farmi fare certe pazzie!»

Mi protendo verso di lei, con una mano le accarezzo la guancia e, praticamente sulle sue labbra, le dico:

«Sai, penso proprio di essermi innamorato di te, mia cara Cenerentola».

Lei mi fissa, poi mi attira a sé e mi bacia.

Intorno a noi le risa dei bambini e le loro grida entusiastiche, ma noi proseguiamo a baciarci seguendo il galoppo ritmico dei nostri cavalli.

Forse è proprio questo che stavo aspettando, innamorarmi di una donna che mi facesse tornare bambino.

43. Meggy

Non posso credere che Mr. Disastro abbia appena detto di essersi innamorato della sottoscritta.

Lo guardo e lo attiro verso di me baciandolo.

Le nostre labbra sembrano non avere intenzione di staccarsi, vorrei solo poter restare qui, tra le sue braccia, estasiata da questo bacio magico.

Quando la giostra si ferma, Colin posa i suoi occhi nei miei, sorridendo:

«Che ne dici, adesso possiamo proseguire la nostra passeggiata?»

«Direi che posso ritenermi soddisfatta».

Nello scendere, una ballerina mi sfugge dal piede.

Alzo lo sguardo incrociando quello dell'uomo di cui mi sono resa conto di essermi innamorata.

«Inizio a pensare che dovrei proprio cambiare tipologia di scarpa!»

Lui si avvicina e mi dà una mano a calzarla.

«Sei proprio una perfetta Cenerentola», mi rammenta attirandomi a sé per baciarmi di nuovo.

Riprendiamo a camminare, da Est stanno arrivando delle nubi grigiastre che preannunciano pioggia.

«Proporrei di affrettarci, non vorrei che si scatenasse un temporale!»

Riusciamo a uscire dal parco proprio mentre sta iniziando a piovigginare, Colin e io corriamo ridendo fino alla stazione della metro.

«Ma voi newyorkesi non portate mai in borsa un ombrello? È una sana abitudine!», esclama lui scendendo ai binari.

«Ricordati che qui non siamo a Londra, non piove ogni mezz'ora alternando sole e piovaschi».

«Cambierai idea sull'Inghilterra proprio come io l'ho fatto con New York e i suoi abitanti!»

Mi metto a ridere.

«Chissà, magari un giorno...»

Saliamo sul treno e, proprio come se fossimo degli adolescenti alla prima cotta, mi siedo sulle sue gambe. Lui mi accarezza le spalle, intanto parliamo e ridiamo e, di tanto in tanto, ci scambiamo un frettoloso bacio appena accennato. Quando poi usciamo fuori vediamo che sta irrompendo un autentico temporale.

«Guarda che a Londra un nubifragio del genere è raro, noi ci limitiamo a un po' di pioggerellina fitta, fitta».

«Qui a New York le cose si fanno sempre in grande!», preciso io.

«Cosa vuoi fare? Aspettare che smetta o ci avventuriamo verso casa sotto al temporale?», mi domanda.

«Potrebbe continuare anche per ore, quindi penso proprio che non possiamo far altro che provare ad andare a casa».

Colin intreccia le sue dita alla mie e iniziamo a correre.

Il traffico è in tilt, passiamo rasenti ai palazzi ma è inutile, dopo aver attraversato la strada siamo già completamente zuppi. Continuiamo a correre, Colin sta farneticando qualcosa riguardo al clima newyorkese totalmente inaffidabile e pazzo. Quando entriamo nell'elegante palazzo a Riverside Drive siamo bagnati da capo a piedi.

Il signor Rudyard ci osserva perplesso passando lo sguardo da Colin alla sottoscritta, alle nostre mani ancora intrecciate.

«A quanto vedo, il temporale vi ha colti alla sprovvista! Le previsioni metereologiche davano pioggia solo nella notte, sembra che la perturbazione sia giunta prima».

Poi, aggiunge:

«Miss Clayton, ha risolto la faccenda delle chiavi?»

Con uno stupido sorriso stampato sulle labbra lo rassicuro:

«Sono passata poco fa dai miei genitori per prendere la copia di scorta, le auguro una piacevole serata».

«Anche a voi», risponde il fidato tuttofare del palazzo guardandoci sorridendo.

Saliamo in ascensore, dopo soli alcuni piani Colin mi fissa indugiando con lo sguardo sulle mie labbra poi, premendo il tasto di arresto dell'elevatore, afferma:

«È dal nostro primo incontro che ho sognato di farlo».

Mi attira a sé baciandomi con passione, le sue mani si fanno strada sotto alla mia maglietta fradicia, che ormai lascia ben poco all'immaginazione, soffermandosi sopra ai miei seni.

La sua bocca è avida, sembra non volersi spostare dalla mia, una scossa mi percorre la schiena.

«Non possiamo monopolizzare l'ascensore», gli dico sulle labbra continuando a baciarlo.

«Ancora un istante», mi risponde lui di rimando cominciando a sbottonarmi la camicetta.

«Ma sei impazzito?»

Facendo ricorso a tutto il mio autocontrollo lo allontano da me e faccio ripartire l'ascensore.

Quando le porte automatiche si aprono usciamo entrambi, siamo sulla porta del mio appartamento, afferro nella borsa le chiavi e, incontrando il suo sguardo, gli dico:

«Vuoi entrare?»

Lui mi guarda, nel momento esatto in cui scatta la serratura mi sospinge in casa riprendendo a baciarmi.

Con un calcio chiudo la porta, i nostri giacchetti sono già sul pavimento, le sue mani si muovono su di me riprendendo a sbottonarmi la camicetta.

Io riesco a sfilargli la maglietta, i suoi addominali sono tesi sotto alle mie dita.

Continuando a baciarci lo spingo verso il divano andando a sbattere contro la libreria. A ogni bacio, a ogni tocco, mi sembra quasi di impazzire, non penso di aver mai desiderato tanto qualcuno come Colin in questo momento.

Mi sposta piano sul divano e, fissandomi negli occhi, lo sento sussurrare.

«Ti amo, Meggy».

Non dico niente e con il cuore che fa una capriola lo attiro sopra di me continuando a baciarlo.

***

Nella stanza si sente soltanto il rumore della pioggia contro i vetri della finestra mista ai battiti dei nostri cuori.

Ho la testa appoggiata al suo petto.

«Sai, stavo cominciando a pensare che sotto, sotto, New York potrebbe anche piacermi».

Mi sollevo appena per poterlo guardare negli occhi.

«So che al lavoro stanno ancora cercando un nuovo direttore artistico per quando io tornerò a Londra e… stavo meditando di candidarmi».

Un grande sorriso, degno delle migliori pubblicità di dentifricio, spunta sulle mie labbra.

«Parli sul serio?», gli domando io esterrefatta.

«Diciamo che ho decisamente rivalutato questa città».

Senza che aggiunga altro mi protendo verso di lui per baciarlo.

«Dalla tua reazione, giurerei che sembri contenta», bisbiglia sulle mie labbra.

«Non immaginavo che tu potessi decidere di restare, mi hai stupito davvero».

Sorride passandosi la mano sul lieve accenno di barba che lo rende incredibilmente sexy.

«A Londra ho un lavoro che mi piace ma che posso fare tranquillamente qui e per quanto riguarda la mia famiglia, con una manciata d'ore di volo, sono a Heathrow. Le mie nipotine avranno finalmente la scusa per farsi portare a New York».

Fissandomi negli occhi, mi domanda:

«A questo punto penso di essermi meritato di sentirti almeno dire che sono un perfetto Mr. Darcy!»

Mi metto a ridere.

«Direi proprio di sì».

Poi, seria, gli chiedo:

«E se poi ti rendessi conto che non è davvero questo che vuoi?»

Colin mi prende il viso tra le mani.

«Da quando ho memoria ho sempre ragionato con la testa, ho sempre fatto la cosa più sensata e, devo ammettere che, facendo così, sono riuscito ad arrivare in alto. Credevo di avere tutto, di essere totalmente appagato. Poi invece, arrivo in questa città e mi imbatto in una buffa ragazza che, giorno dopo giorno, mi sta cambiando la vita e capisco che in realtà non ho mai davvero vissuto niente e che tutto ciò che, forse, ho sempre desiderato è questo», dichiara guardandosi attorno.

Lo fisso in quegli occhi verdi in cui è semplice perdersi e sussurro:

«Ti amo».

Restiamo lì, accoccolati in un divano troppo piccolo a baciarci quando sentiamo un rumore.

Ci voltiamo entrambi di soprassalto.

Oscar si è arrampicato sulla libreria e ci sta osservando.

«Per favore, metti via quell'animale! Non penso di essergli molto simpatico e, onestamente, vorrei evitare un altro morso».

Mi avvolgo in un plaid che tengo vicino al sofà e mi alzo; sul tappeto i nostri vestiti ancora bagnati dalla pioggia.

«Oscar, fai il bravo, eh! Ti ricordi di Colin?», domando al piccolo mustelide prendendolo in braccio e avvicinandomi a Colin.

Mr. Disastro, anche se adesso sarebbe più appropriato soprannominarlo "il mio Mr. Darcy", mi blocca.

«Meggy, sei sicura di quello che stai facendo? Ha drizzato le orecchie e ti assicuro che il modo in cui mi sta guardando non è per nulla amichevole».

Continuo ad avvicinarmi tenendo Oscar stretto tra le mie braccia.

«Su, provate a fare amicizia», incito loro sedendomi sul bordo del divano.

Colin non sembra affatto a suo agio.

«Prova ad accarezzarlo, vedrai che si comporterà in modo educato».

Protende la mano verso il musetto guardingo del mio amico quando Oscar, in tutta risposta, gli mostra i denti.

«Vedi, te lo avevo detto che ha intenzioni ostili, non penso proprio che voglia diventare mio amico!»

«Assolutamente, deve capire che non può comportarsi in questo modo con te».

Mi alzo e rimproverando il mio "coinquilino" per il suo comportamento, lo porto nel mio piccolo studio.

Passo in camera a mettermi una maglietta asciutta e prendo dall'armadio qualcosa per Colin.

Quando torno in salotto lo trovo ancora sul divano.

«Non so se te ne sei accorto ma è passata già da un pezzo l'ora di cena e io inizio ad avere fame!»

Poi, aggiungo:

«Ti ho portato una vecchia tuta che usa mio fratello quando si ferma a dormire qua, dovreste avere più o meno la stessa taglia».

Lo guardo infilarsi i pantaloni e cavolo, è davvero sexy da impazzire.

«Vado a buttare la pasta, mentre cuoce mi faccio una doccia veloce».

Metto la pasta e mi dirigo in bagno.

Non riesco a entrare nella doccia che sento bussare alla porta del bagno.

«Pensi che ci sia posto per due?», mi domanda Colin facendo capolino.

Incrocio i suoi occhi e, sorridendo, confermo:

«Accomodati pure, ma ricordati che in una decina di minuti dobbiamo essere in cucina, odio la pasta scotta».

Si mette a ridere aprendo la cabina della doccia.

44. Colin

Da quel galeotto weekend della recita scolastica tutte le notti Meggy e io abbiamo dormito — si fa per dire — insieme. Ogni giorno rientrando dal lavoro mi fermo da lei nel suo intimo appartamento oppure è Meggy a salire con me al ventitreesimo piano. Anche con Oscar i rapporti stanno migliorando, intendiamoci, non andiamo d'amore e d'accordo, ma quantomeno abbiamo raggiunto un nostro strano equilibrio in cui ognuno ignora l'altro.

Il lavoro sta andando a gonfie vele, abbiamo in programma di far uscire il numero della rivista con il nuovo outfit a breve, non appena avremo sistemato qualche piccolo dettaglio nell'impaginazione e ho già anche chiesto un colloquio con il direttore della sede inglese per rendere operativo il mio trasferimento qui a New York.

Sono nel mio studio, sto sorseggiando l'ennesimo caffè della mattina e, dalla vetrata dell'alto palazzo che si affaccia su Bryant Park, osservo gli alberi tinti ormai con i colori della primavera.

Con Meggy ho imparato a fermarmi ad apprezzare cose a cui fino a poco tempo fa non prestavo attenzione: un albero in fiore, il vento primaverile che mi accarezza il viso, un anonimo bretzel gustato con la persona che ami passeggiando per Central Park, il bacio frettoloso che mi riserva sulla porta di casa uscendo al mattino e quegli assurdi messaggini che mi manda nella pausa pranzo e che riescono sempre a strapparmi un sorriso.

Ivan irrompe nella stanza con vari plichi di fogli tra le mani.

«Capo, ecco qua tutte le varie, ipotetiche e plausibili bozze della nuova impaginazione, ho preferito fare anche la stampa piuttosto che lavorare solo sul digitale», esordisce posando il tutto sulla mia ordinata scrivania.

«Te l'ho mai detto che sei il miglior assistente che abbia mai avuto?», gli domando posando la tazzina sullo scaffale.

«Più o meno ogni giorno».

Un po' in imbarazzo, aggiunge:

«Da qualche tempo, ormai, sei diverso… direi che sembri quasi innamorato!»

Scoppio in una fragorosa risata.

«È così evidente, allora?»

Ivan mi osserva stupito.

«Ti dirò di più, oltre ad aver perso la testa come un ragazzino ho già fissato un appuntamento per chiedere il trasferimento. Voglio restare qua, in questa caotica sede per poter stare con la donna di cui sono innamorato».

Il mio assistente si avvicina.

«Capo, congratulazioni, sono davvero molto contento per te!»

Stiamo lavorando quando la mia algida segretaria mi chiama al telefono:

«Mr. Inerton, mi dispiace disturbarla, ho qui davanti una certa signorina Clayton che mi ha chiesto di avvisarla che la sta aspettando».

«Dammi un attimo e arrivo», rispondo io sorridendo.

Poi, guardando Ivan, puntualizzo:

«Esco un attimo, prenditi pure una pausa!»

Senza aspettare la sua risposta, apro la porta e mi dirigo nel moderno e ampio open space dove scorgo subito la mia Cenerentola.

Appena mi vede, si alza dal divanetto sul quale si era accomodata con un numero della nostra rivista tra le mani.

«Non dovrei stare fuori a lungo, se avessi necessità di parlarmi, chiamami pure al cellulare», dico alla mia segretaria che, facendo finta di niente, sta fissando Meggy.

Senza alcun tipo di imbarazzo le metto un braccio sulle spalle e, dandole un bacio a fior di labbra, ci incamminiamo fuori dagli studi di *GQ*.

«Spero di non averti disturbato, è che avevo un paio d'ore di buca e così sono salita sulla metro per venire da te, avevo voglia di vederti».

Saliamo in uno degli ampi ascensori insieme ad altre persone.

Io mi avvicino al suo orecchio e le sussurro:

«Ti assicuro che se fossimo da soli, avrei già premuto il tasto di arresto».

Noto un certo imbarazzo sulle sue guance.

Quando usciamo dal palazzo l'attiro verso di me per poterla baciare come merita.

«Ecco, adesso sì che si comincia a ragionare, Mr. Inerton», mi punzecchia divertita lei.

«Iniziavo a pensare che avesse smarrito la sua passionalità».

«Signorina Clayton, se continua a provocarmi, al nostro rientro a casa mi vedrò costretto a dimostrarle tutto il contrario».

Meggy mi guarda divertita e, avvicinandosi, ribatte:

«Aspetterò con ansia di vederla rincasare per poter comprendere cosa intende».

Mi metto a ridere.

«Direi di rimandare questa conversazione a luoghi più consoni, Miss Clayton, non vorrei prendermi una denuncia per atti osceni in luogo pubblico».

Mi abbraccia e, sorridenti, ci incamminiamo per il parco.

«Considerata l'ora, inizierei ad avere un certo languorino… tu hai già pranzato?», mi domanda.

«A meno che tre caffè siano considerati un pasto, no, non ho ancora messo nulla sullo stomaco».

Vedo spuntare sulle sue labbra un sorriso.

«Allora direi di andare a mangiare qualcosa, al mio rientro a scuola mi attende un corso di pittura creativa con tutte le classi della primaria e, a seguire, il collegio docenti».

Ci fermiamo a prendere un toast e un'insalata e sediamo in uno dei tanti tavolini sparsi per il parco.

Alle nostre spalle dei ragazzi stanno disputando una partita a ping pong, mi guardo attorno e devo ammettere che questa atmosfera rilassata inizia proprio a piacermi.

Meggy, tra un boccone e l'altro, mi racconta alcuni aneddoti di questo angolo della città.

«In estate allestiscono un cinema all'aperto, dovremmo proprio venirci, magari quando ripropongono vecchi classici o sdolcinati film romantici, mentre in inverno viene montata una pista di pattinaggio sul ghiaccio. Voglio proprio vedere come te la cavi con i pattini ai piedi!»

«Mi stai forse prendendo in giro?», le domando.

«Assolutamente, ogni stagione riserva tante cose da poter fare, soprattutto qui a New York».

Rimaniamo ancora un po' a parlare poi accompagno la mia adorabile Cenerentola alla stazione della metro e mi dirigo nel palazzo, sede di *GQ*.

45. Meggy

Da quando posso dire di aver realmente trovato il mio Mr. Darcy, mi sembra di vivere in un sogno, non potrei desiderare altro.

Ogni giorno amo svegliarmi tra le sue braccia, uscire al mattino di fretta dandogli un rapido bacio sulle labbra, fare il tragitto dal lavoro a casa pregustandomi un suo abbraccio, discutere in quale contenitore della raccolta differenziata gettare il barattolino vuoto del gelato…

Amo tutto di lui, riesco perfino ad amare i suoi difetti.

È forse questo l'amore di cui tutti parlano nei libri?

La mia risposta è ovvia: sì, Colin rappresenta l'amore con la A maiuscola, la parte complementare di me, il pezzo mancante del puzzle.

Stasera mi ha detto di prepararmi e di aspettarlo nell'atrio, deve aver organizzato qualcosa anche se non ho idea di cosa abbia in mente di fare.

Indosso un abitino di satin rosa cipria, metto nella *Miu Miu* una stola, calzo le immancabili *Louboutin*, do un'occhiata all'orologio e mi appresto a scendere di sotto.

Il signor Rudyard mi guarda soddisfatto:

«Meggy, stasera è davvero un incanto… Mr. Inerton resterà a bocca aperta».

Arrossisco.

«Grazie, anche se lei è sempre troppo gentile!»

Stiamo ancora parlottando quando la porta a battenti si apre e vedo comparire Colin: completo blu, sorriso da far impazzire, sguardo sensuale e in mano tiene un mazzo di tulipani sulle sfumature del rosa.

Si avvicina mantenendo lo sguardo fisso nei miei occhi.

«Buonasera a tutti… signor Rudyard, mi dispiace ma devo interrompere la vostra amena conversazione».

Il simpatico tuttofare ci osserva sorridendo.

«Non si preoccupi, immagino che abbiate degli impegni per questa sera».

Guardandomi intrecciare le mie dita a quelle di Colin, aggiunge:

«Mi raccomando, Mr. Inerton, abbia cura della signorina, Miss Clayton è un fiore raro».

«Grazie Rudyard, non mi faccia commuovere che si rovina il trucco», gli dico io emozionata.

Colin, stringendomi a sé, replica serio.

«Stia tranquillo, non ho intenzione di deludere Meggy».

Usciamo dal palazzo, Colin, da autentico galantuomo, mi apre la portiera dell'auto di lusso.

«Buonasera Tom… stasera a quanto pare deve fare gli straordinari!», esclamo sedendomi sul sedile in pelle.

Il simpatico autista mi guarda nello specchietto retrovisore.

«Miss Clayton, è un piacere per me potervi accompagnare in giro per la città».

Senza che Colin gli indichi la nostra destinazione l'auto si immette in Riverside Drive, mi volto e lo trovo a guardarmi.

«Mi sono incantato a osservare il tuo profilo, mi piace guardarti quando non te ne accorgi, lo faccio spesso anche al mattino mentre di trucchi di corsa».

Si protende verso di me per darmi un dolce bacio appena accennato.

«Mi vuoi dire dove stiamo andando? A prova contraria, qui sono io quella che stabilisce gli itinerari!», mi lamento.

«Per una volta, lascia che le parti si invertano», propone soddisfatto.

Prendiamo la 8th Ave, il traffico a quest'ora è in tilt, Colin mi cinge le spalle con le braccia e io mi godo questo rilassante tragitto in macchina stretta a lui.

Quando la vettura svolta nella 44th St. e rallenta, non ho dubbi su dove mi stia portando.

L'auto si ferma proprio nei pressi del Majestic Theatre dove, sui cartelloni affissi sulla porta, vedo l'inconfondibile locandina di una delle favole più amate: *Cinderella*.

Mi volto a guardarlo.

«Stiamo andando a teatro a vedere Cenerentola?»

«È tutta colpa dei tuoi genitori, sono stati loro a darmi quest'idea. Su, adesso sbrighiamoci, non vorrei arrivare in ritardo».

«Buona serata e buona visione», ci augura il nostro autista.

«Grazie Tom, a dopo».

Tenendomi per mano, entriamo nel rinomato teatro e andiamo a sederci ai nostri posti.

Ovviamente Colin ha scelto le poltrone nella fila migliore, riusciamo così a prendere posto proprio mentre le luci si stanno abbassando.

Lo spettacolo ha inizio, gli attori e ballerini ci deliziano con questa rivisitazione di una favola senza tempo.

Resto incantata nell'ascoltare la melodiosa voce dell'interprete di Cenerentola, la simpatia della Fata Smemorina e la goffaggine delle sorellastre.

Emozionata, mi gusto la scena del grande ballo alla Reggia e il momento in cui perde la famosa scarpetta di cristallo.

Colin, avvicinandosi al mio orecchio, mi sussurra:

«Mi ricorda vagamente qualcuno».

Gli sorrido e, posando le mie labbra sulle sue, mi limito a dirgli:

«Grazie... quasi, quasi, sto iniziando a rivalutare Cenerentola!»

Quando lo spettacolo finisce il pubblico è talmente entusiasta da chiedere addirittura il bis di una nota canzone.

«Sai, è proprio qui che da piccola vidi il mio primo spettacolo teatrale, e da allora mi innamorai del teatro».

«Devo ammettere che anche se non sono mai stato un grande appassionato di musical, questo mi è piaciuto molto».

«Forse è perché non avevi accanto a te la persona adatta».

Lui si protende per baciarmi.

«Questo è indubbio».

Quando in molti sono ormai usciti dalla sala anche noi ci alziamo e ci incamminiamo con calma.

***

Siamo di nuovo in macchina, non avendo ancora cenato inizio ad avere una certa fame. Colin avrebbe anche voluto fermarsi in un ristorante ma, considerato il gran viavai che noto per le strade, insisto per tornare a casa.

Tom si ferma in Riverside Drive, lo ringraziamo per la sua consueta disponibilità ed entriamo nel palazzo.

Noto subito una donna, mai vista prima, parlare concitata con Rudyard. È alta e magra, vestita in modo elegante, capelli biondi tagliati alle spalle, sembra uscita da una rivista di moda. Insieme a lei, un bambino sui due anni.

Colin si ferma.

Mi volto a guardarlo.

«Tutto a posto? Sembra che tu abbia appena visto un fantasma!»

Prima che mi risponda, la donna, ancheggiando, viene verso di noi.

«Colin, ti stavamo proprio aspettando».

46. Colin

Siamo appena entrati nel palazzo, appena la vedo, di colpo mi fermo.

Lei si volta e, mantenendo gli occhi fissi nei miei, si avvicina.

Le mie dita sono intrecciate a quelle di Meggy, mi giro quel tanto per incontrare il suo dolce sguardo.

«Mi dispiace davvero… avrei dovuto dirti qualcosa di lei».

Meggy mi osserva senza capire, quando sento di nuovo la voce della donna che ha mandato in pezzi il mio cuore.

«Colin, ti stavamo aspettando…»

47. Meggy

Il mio sguardo passa dal viso di Colin a quello della donna di fronte a noi.

Non capisco né chi sia né cosa voglia da lui.

Il bambino, un pargoletto biondo dal viso paffuto, arriva correndo sperando di ricevere attenzioni dalla donna.

«Mamma, mamma», ripete attaccandosi alla sua gonna.

Lei lo solleva.

Poi, rivolgendosi ancora a Colin, riprende a dire:

«Sono circa due anni che non ci vediamo ma sei sempre lo stesso... hai mantenuto immutato il tuo innato fascino».

Si sistema i capelli dalla piega perfetta e prosegue:

«È da diverso tempo che provo a chiamarti ma tu non mi hai risposto. Ti credevo ancora a Londra, ma quando ho contattato la tua sede sono stati loro a dirmi che ti eri trasferito a New York. Trovare il tuo indirizzo non è stato affatto semplice ma mi conosci e sai bene che, se voglio qualcosa, faccio in modo di ottenerla».

Non capisco davvero cosa voglia, perché si sia presentata qui e soprattutto perché parli in questo tono all'uomo che amo.

«Miranda, non ho niente da dirti, è per questo che non ho mai risposto alle tue chiamate, adesso scusami ma non ho intenzione di perdere altro tempo con te», precisa lui stizzito.

Senza staccare la sua mano dalla mia ci incamminiamo verso l'ascensore quando, alle nostre spalle, sento:

«Invece penso proprio che dovresti starmi a sentire... o, quantomeno, fermarti un istante per conoscere tuo figlio».

Entrambi ci fermiamo di soprassalto, non posso credere che quel bambino sia di Colin.

Le gambe mi tremano e mi gira pure la testa.

Lui mi guarda, ha il volto pallido, sembra sconcertato, poi mi sfiora la mano come se, in qualche modo, volesse scusarsi.

La donna avanza verso di noi.

«Forse è meglio che tu stia ad ascoltarmi».

Mi volto e, con un filo di voce, mi limito a dire:

«Devo andare...»

Colin mi trattiene per la mano.

«No, per favore, Meggy, aspetta».

La donna riprende la parola:

«Devo dedurre che questa dolce signorina sia colei che si porta a letto mio marito!»

«Ex marito, tu e io non siamo più sposati, ricordatelo!», l'ammonisce lui.

«Su questo punto non posso ribattere ma preferirei poter parlare da sola con te... questo non mi pare né il luogo né il contesto dove poter discutere».

«Un attimo».

Colin mi sospinge in un angolo.

«Lo so che avrei dovuto raccontarti del fallimento del mio matrimonio ma credimi, per me lei fa parte del passato... di tutta questa follia non sapevo assolutamente niente».

Mi sfiora appena le labbra.

«Ti amo, per favore, credi a quanto ti ho detto».

Non dico niente, salgo in ascensore e, mentre premo la pulsantiera, una lacrima sta rigando la mia guancia.

48. Colin

Entriamo nel mio appartamento, mi tolgo la giacca e faccio loro strada in salotto.

«Complimenti, tutto davvero di classe», dichiara la mia ex moglie aggirandosi nella stanza.

«Miranda, per favore, evitiamo inutili convenevoli e dimmi cosa vuoi».

«Innanzitutto dovresti calmarti e usare un tono diverso».

«Calmarmi?», ripeto io innervosito.

«Tu mi hai distrutto, hai mandato in pezzi il mio mondo e adesso, quando sono di nuovo felice, ti presenti a casa mia in questa maniera?»

Si volta.

«Lo so, in passato ho commesso qualche errore che ci ha fatto allontanare, non avrei dovuto tradirti e di questo mi dispiace, ma se sono qui è per lui», mi spiega indicando il bimbo che sta giocando con una rivista sul tappeto.

Poi si avvicina, gli fa una carezza sulla guancia, lo prende in braccio e, sedendosi sul divano, riprende a dire:

«Ho riflettuto parecchio su cosa fare; quando ho saputo di aspettare Matthew c'eravamo appena lasciati, tu non volevi né parlarmi né tantomeno vedermi così, probabilmente facendo l'ennesimo errore, ho preferito non dirti niente e andare avanti con la gravidanza da sola».

Fa una piccola pausa per sistemare i pantaloncini al bambino, poi prosegue:

«Ero spaventata, essere genitore non è mai semplice soprattutto se non si ha accanto nessuno... ho fatto in modo di dargli stabilità e anche l'amore che non avrebbe avuto dal padre. Non sapevo e non so neppure adesso se venire qua da te sia stata la scelta migliore da fare ma credo che tu dovessi essere informato di avere un figlio».

La ascolto senza dire niente, cammino nervosamente per il salotto.

Mi soffermo e, fissando quello che dovrebbe essere mio figlio, dichiaro:

«Miranda, le cose tra noi sono finite ormai da tempo, non provo niente per te, però se questo bambino è davvero mio figlio voglio poterlo crescere, non è giusto che sia lui a pagare per errori commessi da altri. Ti chiedo, però, di fare un test del DNA per non avere dubbi sulla sua paternità e così ognuno potrà assumersi le proprie responsabilità».

«Immaginavo che me lo avresti chiesto, è plausibile che tu non ti fidi... in passato ti ho tradito ma ti assicuro che, quando è stato concepito Matthew, non mi vedevo già da tempo con nessun altro. Non può che essere tuo», ribatte lei stizzita.

«Resteremo in città il tempo necessario per sistemare alcune faccende, poi torneremo in Inghilterra dai miei».

Si alza dal divano e, con il bambino in braccio, si dirige verso la porta.

«Fammi sapere come e quando vuoi procedere; ci vediamo Colin e... se vedi il mio numero, per favore rispondi».

La osservo entrare in ascensore, io invece sbatto la porta e mi precipito da Meggy.

49. Meggy

Sono seduta in cucina, le lacrime non la vogliono smettere di rigare il mio viso. Oscar, stupito da questo mio comportamento, è saltato sul tavolo e mi sta guardando.

Dovevo immaginarlo, a quanto pare gli uomini sono tutti uguali, piombano nella vita delle persone senza preavviso, riescono a farti toccare il cielo con un dito e poi ti spezzano il cuore.

Mr. Darcy non esiste, è soltanto un meraviglioso eroe romantico creato dalla penna di una talentuosa autrice inglese.

Perché Colin non mi ha parlato di lei? Perché non mi ha detto che è stato sposato? E, soprattutto, quel bimbo è davvero suo figlio?

Mi gira la testa, vorrei solo che questo fosse un incubo, vorrei svegliarmi e ritrovarmi tra le sue braccia.

Sento suonare alla porta, Oscar mi anticipa andando alla soglia.

Io mi alzo e vado ad aprire.

«Meggy, per favore devi ascoltarmi», grida Colin con il volto sudato.

Senza dire niente lo faccio entrare.

Lui fa per abbracciarmi ma io lo allontano.

«Ascoltami, se non ti ho parlato di Miranda è solo perché la nostra storia era finita da tempo, eravamo diventati come due perfetti estranei».

Prende fiato e, senza che io gli faccia alcuna domanda, riprende a dire:

«Le cose tra noi non funzionavano già da un po', così lei, senza tanti problemi, iniziò a vedersi con altri uomini. Non so per quanto sia andata avanti a tradirmi, poi un giorno, rientrando a casa dal lavoro, la trovai in lacrime e mi raccontò tutta quanta la storia. Sembrava davvero amareggiata, si scusò e ammise di aver commesso vari errori. Ero arrabbiato ma decisi lo stesso di riprovarci. Andammo anche in analisi da una psicoterapeuta ma non facevamo altro che discutere, incolpandoci a vicenda.

Così una mattina presi le mie cose e mi trasferii in albergo chiedendo il divorzio.

Da allora non l'ho più incontrata e, ovviamente, non avevo idea che potessi avere avuto un bambino da lei. Questo è tutto ciò che è accaduto».

Non so che dire, ho lo stomaco sottosopra e dall'ansia potrei pure vomitare.

«Cos'altro mi hai tenuto nascosto, Colin?», domando.

Mi guarda, i suoi occhi sono fissi nei miei.

«Ti ho detto tutto, Meggy, davvero».

Prendo dal pensile una tazza e mi preparo un infuso.

«Per favore, puoi parlare? Dimmi qualcosa perché così potrei impazzire».

Mi volto appena.

«Cosa dovrei dirti? Che sono contenta di sapere che l'uomo di cui mi sono innamorata mi ha mentito per tutto il tempo? È questo che vorresti sentirmi dire? Di chi mi sono innamorata? Di qualcuno che in realtà non esiste?»

Si avvicina di nuovo.

«No, non è come dici tu, io non ti ho mai mentito! Il mio matrimonio era finito e, di certo, fino a qualche istante fa, non avevo idea che potessi avere un figlio».

Fa una pausa e aggiunge:
«Io ti amo, Meggy, e l'unica cosa che voglio è poter stare con te, qui a New York».
«Dicevi di odiare questa città... forse hai "dimenticato" di rivelarmi qualcosa anche su questo?», gli domando girando lo zucchero nella tisana.
Sospira.
«Ho conosciuto Miranda qui a New York, lei era in vacanza io, invece, stavo facendo il master. Ci siamo innamorati e dopo poco abbiamo deciso di sposarci proprio qui. Odiavo New York perché mi ricordava questo, il fallimento del mio matrimonio».
Ascoltare le sue parole mi fa davvero male.
«Dovevo immaginarlo, sei troppo razionale per non sopportare questa città senza una ragione».
Mi interrompe.
«Ma tu hai rimescolato le carte, mi hai cambiato, Meggy, mi hai insegnato a credere nei sogni e sei riuscita a farmi vedere il mondo attraverso i tuoi occhi e ti assicuro che così è meraviglioso. Per favore credimi».
Bevo un sorso della mia tisana e mi soffermo a osservarne il colore.
«Colin, mi dispiace, ma non penso di riuscire a guardarti allo stesso modo, mi hai deluso davvero. Io sono sempre stata me stessa con te, senza maschere, senza impostazioni da seguire, mi sono messa a nudo, ti ho dato tutta me stessa e non possiamo di certo dire lo stesso di te. Adesso, vorrei che tu uscissi da casa mia». Mi alzo e gli faccio strada alla porta.
Lui mi trattiene per la spalla.
«Meggy, io ti amo, non posso più immaginare di stare un solo giorno senza di te».

Queste parole mi fanno male ma non posso e non voglio starlo ad ascoltare.

«Ti auguro di essere felice».

Lui mi guarda, non ha intenzione di spostare gli occhi dai miei.

«Senza di te non potrò più esserlo».

Mi ritrovo a fissare quegli occhi verdi in grado di leggere ogni mia emozione e chiudo la porta.

Mi siedo sul pavimento e scoppio a piangere.

50. Colin

Sono già trascorse un paio di settimane da quella sera, da quando il mio cuore è andato in frantumi e io non faccio altro che pensare a lei.

Ho provato a scriverle dei messaggi ai quali lei, ovviamente, non ha mai risposto; mi sono presentato alla sua porta ma non ha voluto aprirmi e adesso eccomi qui, sul suo pianerottolo ad aspettare che esca per andare a scuola.

Ho bisogno di vederla e di parlarle un attimo.

Il mio lavoro qui a New York è finito, la rivista con il suo nuovo outfit è pronta quindi, a meno che non sia io a chiedere il trasferimento in questa sede, proprio come avevo intenzione di fare, dovrò rientrare a Londra.

Il direttore generale mi ha già fatto recapitare il biglietto per il mio rientro.

Sento un rumore, del tramestio, la porta di apre ed ecco che la vedo: i lunghi capelli raccolti in una treccia, indossa quella maglietta azzurra con i ciclamini che mi piace tanto e un paio di jeans. Non è truccata ma è bellissima ugualmente, è un po' dimagrita e, soprattutto, non vedo sulle sue labbra quel sorriso che mi ha fatto innamorare.

Nel trovarmi qui sembra stupita.

«Buongiorno, Meggy».

Rufolando nell'ingombrante shopper con cui va al lavoro, mi dice:

«Non immaginavo di trovarti appostato qua fuori».

«A quanto sembra, questo è l'unico modo per poterti parlare... ho provato a mandarti dei messaggi, a telefonarti, a suonare alla tua porta e qualche giorno fa sono addirittura venuto alla Primrose School ad aspettare che tu uscissi ma ho incontrato solo la tua amica che, dopo avermi riempito di insulti, mi ha detto che avevi preso qualche ora di permesso».

Mi avvicino appena, riconosco subito il profumo dolce del suo shampoo al gelsomino, socchiudo per un istante gli occhi per fissarlo nella mente, poi le chiedo:

«Come stai?»

Lei, senza incontrare il mio sguardo, si dirige verso la porta automatica dell'ascensore.

«Vado avanti, Colin, cosa dovrei fare secondo te? Sto cercando di dimenticarti, di cancellare questi mesi e di ripartire da quella sera in cui caddi mentre cercavo di prendere il taxi. Voglio scordarmi di te, e voglio farlo il più velocemente possibile. Pensarti fa male, mi squarcia il cuore perché io ti amavo davvero, come non avevo mai fatto con nessuno».

Le porte si aprono, entra in ascensore, io la seguo.

«Mi dispiace davvero, so che avrei dovuto parlartene».

Poi, aggiungo:

«Devo rientrare a Londra, il mio lavoro qui è finito. Volevo semplicemente vederti per scusarmi ancora con te e dirti che ti amo... tu sei tutto, sei il primo pensiero quando mi alzo, l'unica persona che vorrei stringere tra le braccia prima di uscire al mattino, la sola in grado di farmi tornare bambino, l'unica con cui vorrei fare l'amore, la sola con cui abbia davvero desiderato invecchiare. Per favore, Meggy, dammi una sola ragione per restare e io non salirò su quel volo».

Per un attimo i suoi occhi incontrano i miei poi allunga la mano e preme il bottone di arresto dell'elevatore.

«Smettila, non capisci che rendi tutto più difficile? Se ti dicessi che non provo nulla per te sarei soltanto un'ipocrita, ma non sei stato onesto con me, praticamente non mi hai detto niente della tua vita, mi sono innamorata di un uomo che non esiste e poi, Colin, quel bimbo si merita una famiglia. Magari tu e la tua ex moglie potreste anche tornare insieme».

Sta per far ripartire l'ascensore ma io la fermo.

«Lo vuoi capire che la mia storia con Miranda è finita? Se quel bambino fosse davvero mio figlio, mi prenderò le mie responsabilità, ma questo non ha niente a che vedere con te, con noi».

«Mi dispiace, ma sono delusa, non penso di riuscire a guardarti ancora nello stesso modo».

Sblocca il pulsante e riprendiamo a scendere.

Che strano, è proprio qui, in questo ascensore, che è iniziato tutto: le nostre chiacchierate, i nostri baci, ed è sempre qui che ci stiamo lasciando... penso tra me guardando quel viso che tanto amo.

Le porte si aprono.

«Arrivederci, Colin... buon rientro in Inghilterra», conclude senza neanche guardarmi.

«Ti auguro di essere felice», le dico io di rimando, ma lei non si volta, saluta frettolosamente il signor Rudyard e la vedo scomparire nel traffico di una qualsiasi giornata newyorkese.

Mi avvicino al fidato tuttofare del nostro palazzo.

«Può avvertire il proprietario che libererò l'appartamento con qualche giorno di anticipo? Rientro a Londra».

L'uomo mi guarda da dietro le spesse lenti degli occhiali.

«Certo, non si preoccupi, lo farò quanto prima».

Sospira.

«È difficile lasciar andare via una cosa tanto preziosa come Miss Clayton».

«Già, proprio così».

Mi dirigo fuori dal palazzo e, con il cuore in frantumi, salgo in auto.

51. Meggy

È da qualche giorno che la primavera sembra essersi presa una pausa, è tornato il freddo e varie perturbazioni metereologiche hanno deciso di abbattersi su tutta la East Coast.

Da quando Colin e io ci siamo lasciati odio l'arrivo del fine settimana, mi ricorda le nostre gite in giro per la città.

Ieri Liv e Jenna sono venute da me per una delle nostre cene a base di cibo vegano e vegetariano. Inutile dire che non abbiamo fatto altro che parlare di me e di Colin.

Liv pensa che avrei dovuto concedergli una chance, avrei dovuto dargli fiducia mentre Jenna, in linea con il suo mestiere di avvocato divorzista, ritiene che abbia fatto la cosa migliore.

Mi avvicino alla finestra, sta riprendendo a piovere, vorrei riuscire a non pensare più a quello che credevo fosse il mio personale Mr. Darcy e invece, ogni cosa, non fa altro che ricordarmi lui e quello che, anche se per poco, siamo stati.

Sento suonare alla porta, probabilmente sarà il signor Rudyard, mi aveva detto che sarebbe passato per dare un'occhiata al contatore dell'energia elettrica.

Vado ad aprire, al posto del mio fidato amico, vedo Colin.

I capelli sono leggermente più lunghi e spettinati del solito, una leggera barba di qualche giorno affiora sul suo viso, stranamente non indossa uno dei suoi eleganti completi ma un jeans e un pullover. Sul braccio ha una giacca e uno zaino, i suoi occhi mi fissano, poi esclama:

«Sono solo passato a salutarti, Tom mi sta accompagnando all'aeroporto».

Per un istante nessuno dei due dice niente, poi è lui a precisare:

«Sto rientrando a Londra, il mio lavoro qui è finito... ti auguro davvero il meglio dalla vita, Meggy, te lo meriti».

Dallo zaino tira fuori la copia di un giornale e me la porge.

«Questa è la bozza della rivista in uscita, ho pensato che avresti dovuto tenerla tu».

Incrociando ancora il mio sguardo, aggiunge:

«A questo punto vado, non credo che tu abbia niente da dirmi».

Con gli occhi lo seguo fino all'ascensore e proprio mentre le porte automatiche si stanno chiudendo mi dice:

«Ti amo, ti amo con tutto me stesso».

Io resto lì, con il settimanale in mano a fissare le porte dell'elevatore, poi mi volto e rientro in casa.

Mi rigiro tra le mani la copia che mi ha dato in anteprima, sulla cover svetta una foto dell'Edge seguita da alcuni titoli accattivanti.

La poso sulla penisola della cucina e mi dirigo alla finestra del mio studio che si affaccia proprio su Riverside Drive. Riconosco subito la raffinata auto di lusso ferma nei pressi del nostro palazzo, scorgo poi Colin che si sta avvicinando con due ingombranti trolley e subito vedo Tom uscire dalla macchina per andare a dargli una mano.

L'autista sta sistemando i bagagli e alcuni scatoloni all'interno del veicolo; Colin si volta e, prima di salire nell'auto, alza lo sguardo verso le mie finestre come se sapesse che io fossi lì a osservarlo.

Resta qualche istante a fissare quello che è stato il nostro palazzo, come a volerlo imprimere nella mente... poi scompare all'interno dell'auto.

Ecco che anche Tom sale in auto e, con una lacrima che sta rigando la mia guancia, osservo l'elegante vettura immettersi nel traffico di una normale giornata qui a New York.

Se ne sta andando… l'uomo del quale sono innamorata mi ha appena salutato dicendomi che mi ama ma io non sono riuscita a dire niente.

Mi lascio scivolare sul tappeto e riprendo a piangere.

52. Colin

Sono rientrato a Londra già da diversi giorni e, mai come adesso, questa città mi sembra vuota.

Mi ero quasi dimenticato della rigidità di questa sede di *GQ* rispetto a quella newyorkese, qui non si sente volare una mosca, tutti sono sempre in orario, e non ho con me nessun Ivan con cui fare una chiacchierata amichevole.

Solo il nostro direttore generale e alcuni colleghi arrivisti che mi girano attorno come degli avvoltoi sperando di poter, un giorno, prendere il mio posto come direttore artistico.

Sto bevendo l'ennesimo caffè della mattinata, proprio oggi oltreoceano esce la nuova rivista, mi chiedo come verrà accolta dai lettori.

Ieri ho sentito Ivan, mi ha detto che al lavoro sono tutti molto entusiasti e che sperano in una esponenziale crescita delle vendite.

Prima che riattaccassi ha sottolineato che il mio posto è sempre libero, come se sperasse in un mio ritorno a New York.

Miranda e il bambino sono rientrati in Inghilterra e, qualche giorno fa, sono andato con loro a fare il test del DNA per non avere dubbi sulla sua paternità. Mi ha detto di aver deciso di fermarsi a casa dei suoi genitori a Exeter, una cittadina tranquilla dove poter crescere il bambino e che non dista neanche molto da Londra.

Mi chiedo se Matthew sia davvero mio figlio o se invece sia stata solo l'ennesima mossa di Miranda per mandare in pezzi il mio cuore.

Guardo l'orologio, è inutile, da quando sono tornato in Inghilterra non riesco a concentrarmi, continuo a pensare a lei, mi chiedo cosa stia facendo, se sia riuscita a dimenticarmi… quello che spero è che non provi il mio stesso senso di vuoto.

Sto provando a buttare giù qualche idea decente quando sento suonare il cellulare.

Dall'altro lato del telefono sento:

«Mr. Inerton? Sono Miss Harlet».

«Buongiorno, mi dica pure, immagino che mi stia chiamando per il test del DNA che abbiamo fatto…»

Sento alcuni rumori, poi prosegue:

«Mi scusi ma stanno facendo dei lavori sulla linea telefonica… la sto chiamando perché ho i vostri risultati; le dico subito che, per legge, non sono autorizzata a rivelarli per telefono, quindi, sarebbe opportuno che passasse dal mio studio».

Guardo rapidamente la mia agenda.

«Nel pomeriggio ho alcune videoconferenze però potrei passare nella pausa pranzo», provo a dire sperando che la professoressa sia disponibile.

«Mr. Inerton, l'aspetto nel mio studio, cerchi di non farmi fare tardi», conclude lei riattaccando.

Sono agitato e nervoso, non riesco neppure a lavorare.

Mi metto la giacca e mi dirigo dalla mia segretaria.

«Nora, devo assentarmi per un paio d'ore, non chiamatemi al cellulare».

***

Sono sulla porta dello studio della professoressa Harlet, respiro ed entro.

È seduta all'ordinata scrivania, i capelli grigi sono raccolti in modo rigoroso in uno chignon, alza lo sguardo dal PC e, fissandomi da dietro la montatura fucsia, afferma:

«È stato davvero celere, si accomodi pure».

Faccio quanto mi ha detto, osservo la donna prendere da un cassetto alcuni fogli e girarli verso di me.

«Il test che abbiamo eseguito è di tipo probabilistico, molto sensibile, e non presenta, di fatto, margine di errore. Dai risultati si evince che il suo profilo e quello del bambino non sono concordanti».

Fa una pausa e dichiara: «Mi dispiace, Mr. Inerton, ma il bambino non può essere suo figlio».

53. Meggy

Sono da poco entrata in casa e già non faccio altro che pensare a Colin, a cosa stia facendo, se di tanto in tanto si ricordi di noi, a quello che eravamo insieme.

Prendo la tazza con l'infuso, dei biscotti al cioccolato e mi butto sul divano. Faccio per prendere il libro che sto leggendo quando mi ritrovo tra le mani la copia di *GQ* che mi aveva regalato prima di partire.

Accantono per un attimo la mia lettura e mi ritrovo a sfogliare la nota rivista.

Penso di non aver mai comprato questo giornale, anzi, direi che ne sono quasi certa.

Inizio a dargli una frettolosa occhiata: attualità, intrattenimento, un inserto sul cinema ed ecco che mi ritrovo sotto al naso la rubrica di cui mi parlava Colin.

Sulle pagine svettano alcuni meravigliosi scorci di New York, tra cui Edge e Central Park e il titolo:

"New York, dove i sogni diventano realtà" di Colin Inerton.

Inizio a leggere:

"Non ho mai amato New York, anzi, a essere onesto era una di quelle città che detestavo, dove non mi sono mai sentito a casa, a mio agio. Allora vi chiederete perché abbia deciso di scrivere proprio un'intera rubrica su questa città. La risposta è semplice... non la penso più in questo modo.

Quando atterrai al JFK per motivi di lavoro, non molto tempo fa, speravo di poter rientrare in Inghilterra quanto prima ma non avevo fatto i conti con la magia di questa città e... con l'amore.

Non immaginavo di certo di imbattermi in una donna, con un'irrefrenabile passione per questa metropoli che, offrendosi di farmi da guida, mi avrebbe fatto cambiare opinione sulla sua città.

Ricordo bene cosa mi disse: "Per amare New York, la devi saper assaporare nella sua quotidianità" ed è proprio così.

Ho passeggiato per Central Park incantandomi a osservare il mutare delle stagioni, ho fatto un giro su uno dei caroselli più antichi della città — nonostante sia decisamente cresciuto per queste cose — ho mangiato degli anonimi bretzel sulla terrazza panoramica dell'Edge guardando New York da un'altra, stupefacente, prospettiva, ho utilizzato la metro con le sue tante linee, a Clinton Hill ho giocato una partita a pallacanestro in uno dei molti campi da gioco disseminati nei vari quartieri.

Mi sono gustato l'hamburger più appetitoso di sempre sul molo restando incantato ad ammirare il ponte di Brooklyn e, ovviamente, non potevo non assistere a uno spettacolo a Broadway... ma, soprattutto, New York con la sua magia mi ha fatto innamorare.

Vi consiglio questa città?

La risposta è ovvia... sì, proprio come canta Alicia Keys in una nota canzone: New York è una giungla di cemento dove i sogni diventano realtà..."

Nella rubrica suggerisce poi alcuni possibili itinerari, io resto lì, con il giornale aperto per qualche istante, poi, con il settimanale ancora in mano, mi infilo le scarpe e corro a prendere la metro.

Improvvisamente è come se queste poche righe mi avessero aperto davvero gli occhi, ho capito che per uno stupido errore non si può mettere in discussione tutto.

Salgo sul treno e mi dirigo a Tribeca dove abita Liv. Proprio oggi, lei e Jenna mi avevano chiesto se mi andava di trascorrere una giornata detox tra chiacchiere e salutari infusi disintossicanti nel piccolo e intimo appartamento di Liv.

Conto le fermate, oggi mi sembra che il tragitto sia decisamente più lungo rispetto al solito, ma l'unica cosa a essere differente sono le sensazioni che sto provando.

Eccomi alla porta del familiare palazzo di Hudson Street, suono il campanello e, dopo alcuni istanti, mi precipito su per le scale.

«Ehi, allora hai cambiato idea e hai deciso di uscire dalla tua tana?», domanda Jenna con una maschera sul viso.

Liv mi osserva perplessa.

«Tutto a posto? Sembra che tu abbia appena corso una maratona».

Non faccio aggiungere altro alle mie amiche e, mettendo il giornale ormai stropicciato tra le mani di Jenna, dichiaro:

«Io lo amo, non riesco a immaginare di invecchiare con nessun altro uomo se non con Colin, non mi importa niente della sua ex moglie, è lui il mio Mr. Darcy».

Aprendo la rivista alla rubrica di viaggi, proseguo a dire:

«Prima di partire mi aveva dato questa ma solo oggi l'ho letta. Colin è riservato, non avrebbe mai scritto sulla rivista per la quale lavora che mi ama, voi non lo conoscete ma per lui è una grande dichiarazione d'amore. Leggendo queste righe ho capito che è solo lui che voglio».

Guardo le mie amiche leggere con attenzione quanto ha scritto Colin poi Liv interviene:

«Te lo avevo detto giorni fa, ancor prima di leggere questo: alza il culo e vola a Londra!»

Jenna passa lo sguardo da Liv alla sottoscritta:

«Ragazze, lo so che potrei apparire impopolare, ma lo sapete cosa penso io al riguardo: il nostro sexy Mr. Darcy sarà più o meno come tutti i suoi simili di sesso maschile ma… conosco Meggy e so quanto sia innamorata di questo affascinante gentleman inglese, quindi non posso far altro che concordare con Liv».

Poi, scandendo le parole, ribadisce:

«M-U-O-V-I-Q-U-E-L-C-U-L-O!»

Stringo le mie amiche di sempre in un abbraccio.

«Su, non stiamo qui a poltrire… vediamo di prenotarti un volo», precisa la rigorosa "donna di legge" prendendo lo smartphone.

«Ragazze, lo sapete che sono anni che non salgo su un aereo? Non ho idea di come poter riuscire a stare tutte quelle ore in volo senza avere una crisi isterica!»

Liv mi porge una tazza con un infuso dall'odore discutibile.

«Tesoro, hanno inventano lo *Xanax* proprio per questo!»

54. Colin

La rivista, dopo le nostre modifiche, sta riscuotendo un discreto apprezzamento da parte dei lettori con un notevole incremento delle vendite e di questo non posso che essere soddisfatto ma, nonostante il lavoro mi tenga occupato quasi tutto il giorno, nei miei pensieri continua a far capolino lei.

In strada, quando vedo una pasticceria, mi domando cosa prenderebbe Meggy, se vedo una coppia innamorata mi tornano in mente le giornate trascorse insieme a Central Park e, come se non bastasse, una nota compagnia teatrale sta preparando una rivisitazione di Cenerentola che viene pubblicizzata per tutta la città. Scordarmi di lei è impossibile, mi ha cambiato, è riuscita a risvegliare la parte spensierata di me e soprattutto, con la sua dolcezza, con quei modi cortesi e la sua simpatia mi ha fatto innamorare di lei.

Le giornate scorrono tutte uguali, scandite dalla ormai solita monotona routine. Prima di incontrarla mi piaceva frequentare i locali più esclusivi dello Strand passando con una certa semplicità — lo ammetto — da una donna all'altra.

Adesso invece quando esco dal lavoro preferisco andare a casa, magari concedermi una corsetta nel parco sperando di riuscire in qualche modo a scordarmi di lei.

Dopo il risultato del test del DNA, Miranda è sparita di nuovo, ho fatto controllare al mio legale che anche tutti i vecchi incartamenti del divorzio fossero corretti per evitare che un giorno si possa attaccare a qualche cavillo.

Sono appena uscito dall'ordinata sede londinese di *GQ*; una ragazza, vestita in un modo che non passa, di certo, inosservata, mi rivolge un sorriso sensuale, io sposto lo sguardo e proseguo a camminare. Il fine settimana è ufficialmente iniziato, un gruppetto si appresta a entrare in un bar e io non posso fare a meno di ripensare a quelli trascorsi a New York con Meggy.

Quanto vorrei essere lì con lei...

55. Meggy

Jenna sta guardando su tutti i siti delle compagnie aeree di riuscire a trovarmi un volo diretto a Londra ma a quanto pare per tutto il fine settimana è impossibile raggiungere la capitale inglese.

«Allora, questo sito mi propone un volo su Liverpool per domani sera, non è per nulla economico ma è l'unico modo per arrivare quanto prima dal tuo Mr. Darcy», comunica Jenna con lo smartphone in mano.

Poi prosegue:

«Da Liverpool potresti scegliere se continuare in treno o prendere a noleggio una macchina, anche se immagino che per te non sarebbe per niente semplice considerato che gli inglesi hanno la guida a sinistra!»

Liv e io ci guardiamo.

«Considerato che Meggy non guida neppure qua, direi che sarebbe preferibile il treno!», precisa Liv.

«Allora cosa faccio? Lo prenoto, sì o no, questo biglietto?», mi incalza Jenna.

Passo lo sguardo da una all'altra.

«Prenotalo!», esclamo io convinta.

***

Sono appena scesa dal taxi che mi ha portato al JFK, Liv e Jenna mi hanno salutato facendomi una serie di raccomandazioni — tra cui quella di non rientrare a mani vuote — e io mi sto incamminando a fare il check-in.

Sono passati diversi anni da quando sono salita su un aereo e, onestamente, l'idea di doverci stare per le prossime sette ore non è per nulla piacevole.

Spero di non farmi prendere dal panico.

Guardo il tabellone dei voli, il mio è in perfetto orario. Quando iniziano le procedure di imbarco, l'ansia comincia a farsi sentire. In maniera ordinata, i passeggeri prendono posto nel velivolo, tutti sembrano tranquilli...tutti eccetto me.

Mi siedo nella comoda poltrona dell'*economy class*, la mia compagna di viaggio è una signora dai capelli grigi raccolti in un elegante chignon e dal sorriso rassicurante.

Tanto per smorzare la tensione azzardo un timido:

«Sta andando in vacanza?»

La donna mi guarda da dietro le lenti degli occhiali.

«Nessuna vacanza, sto rientrando in Inghilterra. Sono venuta a trovare mio figlio».

Sistemandosi il foulard, aggiunge:

«Ha avuto un bambino, è nato lo scorso mese».

«Immagino che sia stata una grande emozione... i bambini sono meravigliosi».

I motori iniziano a rullare, l'aereo comincia a correre sulla pista per poi staccarsi dal suolo e prendere quota.

Chiudo gli occhi, la fase di decollo mi agita sempre parecchio, stringo nelle mani il bordo del cardigan.

Quando finalmente è possibile slacciare le cinture, i miei battiti tornano alla normalità.

La signora si volta a guardarmi.

«Sembrava molto in ansia, deduco che non ami particolarmente volare?»

«Esatto, fino a quanto non riavrò i piedi per terra non sarò tranquilla».

«Visto che ci terremo compagnia per le prossime ore mi presento... io sono Margaret».

«Piacere signora, io invece sono Meggy».

Fortunatamente Margaret è un'anziana particolarmente loquace e simpatica, mi racconta la storia della sua vita, del suo primo, e unico, grande amore che a causa dei pregiudizi del tempo dovette lasciare e del suo successivo matrimonio con un uomo freddo e distaccato che non l'ha mai fatta sentire davvero amata.

Mi parla dei suoi cinque figli e dei relativi nipotini e della sua grande passione per la lettura e la pittura.

Senza ombra di dubbio, non mi dà il tempo di starmi ad agitare.

«Penso di aver parlato anche fin troppo, adesso, cara, mi racconti qualcosa di lei», mi incalza la mia compagna di viaggio.

«Indubbiamente niente di tanto appassionante quanto il suo racconto. Sono una maestra, il mio lavoro mi piace molto, ho una grande passione per i libri di Jane Austen e amo follemente New York».

La donna mi guarda rivolgendomi un dolce sorriso.

«Sarei troppo indiscreta se le chiedessi se è fidanzata?»

«Non si preoccupi, non lo è affatto».

Faccio una piccola pausa e poi riprendo a dire:

«Con l'amore non sono mai stata troppo fortunata, ho sempre sperato che da qualche parte ci fosse un perfetto Mr. Darcy anche per me. Poi, un paio di mesi fa, mi sono imbattuta nel nuovo inquilino del mio palazzo, era venuto a New York solo per ragioni di lavoro e così, chiacchierata dopo chiacchierata in ascensore, mi sono innamorata di lui. Purtroppo un malinteso ha rovinato tutto, o forse sono stata semplicemente io a non volergli dare tutta la mia fiducia per paura di soffrire di nuovo».

Margaret mi osserva, poi allunga la mano rugosa per sfiorare la mia.

«Cara, lo so che affidare la nostra fiducia nelle mani di qualcun altro possa spaventare ma dia retta a un'inguaribile romantica: non permetta a niente e nessuno ti mettersi tra lei e l'amore».

La voce del capitano che annuncia l'imminente arrivo in Inghilterra ci distoglie dalla nostra amichevole chiacchierata.

L'areo inizia lentamente la sua discesa, dal finestrino si cominciano a scorgere le verdi campagne inglesi.

Socchiudo gli occhi aspettando di toccare la pista di atterraggio.

***

Dopo aver salutato Margaret e, dopo un tranquillo e rilassante viaggio in treno da Liverpool a Londra, eccomi finalmente nella caotica stazione della metro di Piccadilly Circus.

Nel tragitto in treno ho avuto il tempo di cercare sul fidato Google l'indirizzo della sede londinese di *GQ*; sembrerebbe nei pressi di Kensington Garden.

A fatica, riesco a intrufolarmi nel treno, questa linea è decisamente trafficata e pensare che Colin si lamentava della metro di New York come se questa non fosse addirittura più congestionata.

Scendo alla fermata di Marble Arch e, nervosa, mi incammino verso la sede della nota rivista.

Butto uno sguardo all'orologio, considerando che sono partita dal JFK nel pomeriggio, le ore di fuso e il tempo impiegato da

Liverpool ad arrivare nella capitale inglese, la giornata lavorativa di Colin dovrebbe essere appena iniziata.
Costeggio il parco, anche qui le temperature sono miti e i giardini sono tinti con i colori della primavera.
Mi soffermo un attimo a osservare i classici bus rossi a due piani — i miei bimbi me ne parlano sempre da quando li hanno visti nel cartone della *Carica dei 101* — e proseguo la mia camminata.
Dovrei essere arrivata, l'applicazione dello smartphone mi dice che sono giunta nel luogo desiderato.
È un moderno palazzo, dove probabilmente hanno sede numerose attività.
Respiro ed entro dalle porte girevoli.

56. Colin

Stamattina sono arrivato al lavoro in netto anticipo, da quando sono tornato in Inghilterra non riesco a dormire, mi sveglio spesso e passo parte della notte a leggere.
Questo a New York non accadeva, addirittura quando dormivo con Meggy, talvolta, non sentivo neppure la sveglia.
Sospiro, quanto vorrei essere ancora là con lei.
La segretaria mi porta il caffè, da quando mi sono alzato ne ho già presi un paio, e apro subito le e-mail.
Tra la posta in arrivo ne vedo una di Ivan.
Un lieve sorriso spunta sulle mie labbra.

"Buonasera capo, o forse dovrei dire buongiorno.
Come stai? Come ti ho già detto, da quando sei tornato in Inghilterra, il lavoro non è più lo stesso.
Il tuo sostituto, fortunatamente, ha solo un incarico provvisorio, è un uomo freddo che vuole mantenere unicamente un certo distacco e poi non è affatto aperto al confronto.
È lui a decidere senza mai ascoltare il parere di nessuno, è rigido e, detto tra noi, soffre pure di alitosi!
Capo, qui tutti sperano tanto di vederti tornare, con te lavorare era un piacere adesso invece, beh, lasciamo perdere.
Da New York è tutto.
Ti abbraccio,
Ivan"

E pensare che non sopportavo quella città, adesso invece non vorrei poter fare altro che tornare lì.

Stranamente sento un certo chiacchiericcio provenire dall'ampio open space; qui, a differenza di New York, al lavoro sono tutti piuttosto silenziosi.
Probabilmente sarà il corriere che starà semplicemente facendo delle consegne.
Bevo un sorso del mio caffè e riprendo a lavorare.

57. Meggy

A quanto pare la direzione di *GQ* è al piano attico dell'edificio, sono nervosa ed emozionata allo stesso tempo, tra poco rivedrò Colin e, anche se sono soltanto poche settimane che è tornato a Londra, mi sembra che sia passato un secolo.
Respiro provando a fare ricorso alle tecniche che mi hanno insegnato nelle poche lezioni di yoga a cui sono andata e suono il campanello.
Dopo un istante la porta si apre.
Entro in un moderno open space arredato in uno stile decisamente minimal e mi avvicino al bancone dietro al quale una ragazza, finemente truccata, mi squadra da capo a piedi.
Probabilmente non sono in una delle migliori versioni di me stessa: provengo da una notte insonne trascorsa in parte su di un aereo e in parte in treno, indosso un paio di jeans sui quali mi sono distrattamente rovesciata un classico the English Breakfast comprato alla stazione e i miei capelli devono sembrare quelli di una matta.
«Buongiorno, come posso esserle utile?», mi domanda la giovane sistemandosi la camicetta.
«Buongiorno, dovrei parlare con Mr. Inerton».
La ragazza, senza farmi aggiungere altro, risponde stizzita:
«Mr. Inerton è impegnato per la tutta la mattina, ho ordine tassativo di non passargli neppure le chiamate. Mi dispiace ma non posso aiutarla».
Respiro e preciso:
«No, forse non ha capito, io devo assolutamente vederlo!»
La donna, indispettita, replica:

«A quanto pare non sono stata sufficientemente chiara, non posso farla parlare con il direttore».
Poi, aggiunge:
«Anzi, la invito cortesemente a uscire!»
Cerco di mantenere la calma, non sono abituata né a essere scortese con il prossimo né tantomeno a fare scenate ma questa ragazza mi dà proprio sui nervi.
«Mi dispiace ma non me ne andrò da qui finché non avrò parlato con Mr. Inerton!», dichiaro io in modo risoluto.
«Non mi costringa a chiamare la sorveglianza... per favore se ne vada».
A questo punto mi volto e vado ad accomodarmi su un divanetto posto davanti a una libreria.
«E adesso cosa sta facendo?», mi chiede collerica.
«Non lo vede da sola? Dal momento che non è possibile vedere il direttore aspetterò pazientemente che esca dal suo studio. Non ho fretta, posso attendere quanto vuole», la sfido io.
La giovane si alza dalla sua postazione e ancheggiando sugli alti tacchi si avvicina:
«Senta, glielo ripeterò ancora e poi mi vedrò costretta a far intervenire la security. Lei non può restare qui, deve andarsene. Se ha necessità di parlare con Mr. Inerton le darò una e-mail alla quale potrà scrivergli, questo è tutto ciò che posso fare. Quindi, la prego, se ne vada».
Fissandola negli occhi, inizio a dire:
«Capisco che lei stia solo facendo il suo lavoro, e mi dispiace crearle dei problemi, ma io le sto semplicemente chiedendo di alzare il telefono e di dire al direttore che miss Clayton vorrebbe parlargli un attimo».

«Mi dispiace ma non posso, io devo limitarmi a fare quanto mi è stato ordinato».
Prendo dalla borsa una delle mie caramelle gommose.
«Ne vuole una?», le domando.
«Mi sta prendendo in giro? Adesso mi ha stufato, vado a chiamare la sorveglianza!»
«Chiami pure chi vuole, tanto io non me ne andrò», ribadisco io.
La ragazza prende il telefono e inizia a riferire al suo interlocutore la presenza di una squilibrata che, non volendo andarsene, oppone resistenza.
Poi, mi indirizza uno sguardo furente:
«È stata lei a costringermi a farlo!»
Qualche istante dopo vedo arrivare un energumeno con la divisa della sorveglianza.
Saluta la giovane segretaria riservandole grandi sorrisi e si avvicina.
«Signorina, mi vuole spiegare qual è il suo problema? Come le hanno già detto, non può restare qua, questo è un luogo di lavoro. La invito quindi a prendere le sue cose e ad andarsene. Se vuole le chiamiamo pure un taxi che la porti dove più preferisce».
Respiro e, cercando di essere cortese, inizio a spiegare:
«Senta agente, non sono solita creare problemi né suoi luoghi di lavoro né altrove ma non me ne andrò finché non avrò parlato con Mr. Inerton».
Inizio a essere nervosa, non dormo da due giorni e essere qui mi agita ma non ho intenzione di andarmene senza prima aver detto a Colin quello che provo per lui.
L'uomo mi guarda.

«Comprendo pienamente che abbia la necessità di parlare col direttore ma deve andarsene. Non me lo faccia ripetere ancora».

Con molta tranquillità inizio a dire:

«Non sarei qui a insistere in questa maniera se non fosse una cosa molto importante, quindi sappiate che non mi convincerete ad andarmene».

58. Colin

Sto proseguendo a lavorare ma vengo di continuo disturbato da un insolito parlottare.
Non riesco proprio a capire cosa stia succedendo stamattina, generalmente qui regna il silenzio più assoluto.
Mi alzo per andare a vedere quando, aprendo appena la porta, riconosco subito lo spiccato accento americano proveniente dal corridoio.
Mi pare impossibile che lei sia qui, l'ho delusa profondamente e poi odia volare... figuriamoci se mai sarebbe salita su un volo intercontinentale!
Probabilmente è solo lo stress che mi sta giocando un brutto scherzo o la mia fantasia che, inconsciamente, adesso mi fa sentire anche la sua voce.
Faccio per rientrare nel mio studio, abbandonando l'idea di capire il perché di questa confusione, quando sento di nuovo e distintamente la sua voce.
Mi volto e mi incammino a passo spedito alla reception.
Più mi avvicino, più riconosco la sua voce; non ho idea del perché sia qui ma già poterla rivedere mi sembra un sogno.
Ecco che la vedo: è di spalle, ha i capelli che le scivolano lungo la schiena, indossa quel maglioncino rosa antico che le lascia appena scoperte le spalle, sta discutendo animatamente con il ragazzo della security e con la mia segretaria e questa è l'immagine più bella che i miei occhi abbiano visto da quando sono rientrato a Londra.
Appena Nora mi vede sulla porta, si avvicina e inizia subito a giustificarsi visibilmente agitata:

«Mr. Inerton, ci scusi ma non sappiamo proprio come fare con questa pazza; continua a ripetere che vuole vederla e sembra decisa a non andarsene».
Meggy si gira di scatto, i nostri occhi per un lungo istante restano gli uni in quelli dall'altra, poi è lei a dire:
«Colin, mi dispiace averti disturbato ma non potevo andarmene da qui senza averti prima parlato».
Resto lì, immobile, a guardarla.

59. Meggy

Sto cercando di convincere l'addetto alla sicurezza a non sbattermi fuori, quando riconosco l'inconfondibile timbro suadente della voce del mio Mr. Darcy.
Mi volto ed ecco che lo vedo: è sulla porta, indossa una camicia a cui ha arrotolato le maniche e dei pantaloni blu. I capelli sono leggermente più lunghi rispetto a qualche settimana fa, accidenti, mi ero quasi scordata quanto fosse affascinante.
Continuo a fissarlo, lui fa lo stesso mentre finge di ascoltare la segretaria che, nervosa, gli sta spiegando il perché di tanta confusione.
Mi avvicino appena.
«Colin, mi dispiace averti disturbato ma non potevo andarmene da qui senza averti prima parlato».
La giovane impiegata sposta lo sguardo da me al proprio capo senza capire.
«Ma allora la conosce?», chiede con un filo di voce.
«Nora non preoccuparti, Miss Clayton è una mia cara amica», precisa senza spostare gli occhi dalla sottoscritta.
Rivolgendosi di nuovo alla ragazza, aggiunge:
«Cancella tutti i miei impegni di questa mattina».
La giovane prova a puntualizzare:
«Ma ha un importante meeting al Danton di Piccadilly per la presentazione del nuovo progetto».
«Nora, stamattina non ci sono per nessuno».
Poi si avvicina e mi sospinge delicatamente verso la porta.
«Anch'io ho tante cose da dirti ma questa non mi sembra la sede adatta. Vieni, usciamo, è una giornata meravigliosa».

Faccio quanto mi ha proposto e lo seguo attraversando l'ampio e lucido open space.
Mi sento gli occhi della sua segretaria e quelli dell'uomo della security puntati addosso, non sono abituata a essere al centro dell'attenzione e questo mi imbarazza un po' ma l'unica cosa che conta adesso è che sono di nuovo con lui.
Non riesco neanche a ragionare, vorrei dirgli talmente tante cose ma l'emozione, in questo momento, mi impedisce di parlare.
Saliamo in ascensore, nessuno dice niente poi è Colin a rompere il silenzio:
«Non mi sarei mai aspettato di vederti qui».
Accenno un lieve sorriso.
«Onestamente, neppure io».
Mi guarda e un accenno di quel suo meraviglioso sorriso sghembo affiora sulle sue labbra.
Le porte automatiche dell'ascensore si aprono e noi ci incamminiamo in strada.
Attraversiamo la carreggiata, le temperature sono miti, è una splendida giornata, gli alberi sono in fiore e ovunque si respira la primavera.
Entriamo nei noti giardini di Kensington Gardens, mi guardo attorno e, anche se sono molto diversi rispetto a Central Park, è tutto davvero incantevole.
«Come stai?», mi domanda proseguendo a camminare.
Incrocio il suo sguardo.
«Considerando che provengo da un volo transoceanico di sette ore e che non dormo da quasi due giorni, direi che sono in perfetta forma».
Si mette a ridere.

«Quindi sei riuscita a vincere la paura di volare? Com'è andato il volo? Nessuna perturbazione ad alta quota?»
«Se avessimo trovato una perturbazione non credo che adesso sarei qui. Direi che, al contrario, è andato piuttosto bene anche grazie alla mia compagna di viaggio, un'adorabile signora sull'ottantina che è riuscita a distrarmi raccontandomi la storia appassionante della sua vita».
Poi, gli chiedo:
«E tu, invece?»
«Le solite cose... il lavoro e ancora il lavoro. Niente di particolarmente interessante».
Camminando siamo arrivati al rinomato Giardino all'italiana.
«E la rivista, come sta andando?»
Si sofferma appena.
«Sembrerebbe che stia procedendo a gonfie vele, le vendite sono aumentate in modo esponenziale».
Cambiando argomento, mi domanda:
«Eri mai stata qui? Un'amante delle commedie romantiche come te dovrebbe averlo visto in un noto film...»
Mi metto a ridere.
«Come potrei non ricordare *Bridget Jones* e la scena della buffa lite tra Mark Darcy e Daniel Cleaver? Penso che sia tra le più divertenti del cinema».
Camminiamo tra i vialetti e i numerosi giochi d'acqua fino ad arrivare alla grande fontana. Sono io adesso a parlare.
«Quando, prima di partire, mi avevi dato una copia in anteprima di *GQ* non l'avevo neppure sfogliata», ammetto.
«Poi, qualche giorno fa, per caso me la sono ritrovata tra le mani e ho letto il tuo pezzo su New York...»
Colin mi guarda.

«Ti è piaciuto? Pensi che sia riuscito a descrivere l'autentica essenza della città?»
I nostri occhi si incrociano ancora.
«Direi di sì, ci sei riuscito perfettamente».
Allunga la mano per spostarmi una ciocca di capelli dal viso, al suo tocco avverto una scossa, mi ero quasi dimenticata quanto fosse bello sentire la sua pelle su di me.
«Colin...»
Mantiene gli occhi nei miei, si avvicina annullando lo spazio tra noi.
«Forse ormai è tardi, sai, il tempismo non è mai stato il mio forte, ma da quando te ne sei andato da New York è come se una parte di me, quella migliore, ti avesse seguito qui in Inghilterra».
Faccio una piccola pausa e poi riprendo:
«Ho capito che non mi importa niente se non mi hai raccontato della tua ex moglie perché l'unica cosa che voglio è poter stare con te. Non voglio mettermi tra te e tuo figlio, quel bambino si merita di crescere con l'amore del suo papà e, detto tra noi, sono certa che sarai un ottimo padre. Fin da quando ero una ragazzina sognavo di avere al mio fianco un perfetto Mr. Darcy e adesso che so di averlo trovato non voglio lasciarmelo sfuggire. Io ti amo, sono innamorata di te, perfino dei tuoi difetti, e sono certa che anche se non sarà tutto semplice, tu e io insieme saremo straordinari».
Mi rendo conto che delle lacrime stanno rigando le mie guance solo ora che Colin allunga la mano per asciugarmele.
Fissandomi negli occhi, lo sento dire:
«Ti assicuro che poche persone sono riuscite a lasciarmi senza parole e tu, Meggy Clayton, sei proprio una di queste».
Mi attira a sé e, senza aggiungere altro, mi bacia.

Non so per quanto siamo rimasti lì in piedi appoggiati al parapetto che dà sul laghetto a baciarci, solo lui e io e i nostri cuori che battono all'unisono.

60. Colin

Se solo qualche mese fa mi avessero detto che mi sarei innamorato di una newyorkese per la quale avrei completamente perso la testa al punto di voler stravolgere la mia vita per poter stare con lei gli avrei risposto che erano dei pazzi.
Invece l'amore è proprio questo, arriva senza preavviso e, senza che tu te ne renda conto, quella persona diventa tutto per te.
Mi sposto appena per poterla guardare e, intrecciando le mie dita alle sue, intervengo:
«Adesso è il mio momento di parlare, quindi inizierò dicendoti che mi dispiace... mi dispiace di non averti raccontato di Miranda ma per me quella era una storia ormai chiusa da tempo però ho sbagliato. Per quanto riguarda Matthew il test del DNA ha dimostrato che non è mio figlio; conoscendo la mia ex moglie, già doveva saperlo, ma ci ha provato lo stesso. Forse sperava che io le credessi sulla parola, ma questo adesso non conta».
Mi protendo verso di lei e la bacio.
Dopo tanti baci che parlano più di mille parole, ci incamminiamo verso l'uscita del parco.
«Mi chiedo come faranno i tuoi piccoli alunni senza la loro maestra? Mi sento decisamente in colpa», ammetto io ridendo, cingendole i fianchi.
Mi guarda.
«Beh, ho chiesto di poter utilizzare i permessi accumulati in questi anni, la direttrice non ne è stata molto contenta ma

dovevo risolvere una certa questione con un perfetto Mr. Darcy».
Mi metto a ridere.
«Ragione più che valida».
Stiamo passeggiando per Oxford Street, Meggy continua a parlare, mi racconta di Oscar, del suo lavoro e di ciò che è accaduto nel palazzo da quando sono rientrato a Londra.
Sembrerebbe che i proprietari, di quello che per qualche tempo è stato il mio appartamento, avessero deciso di non affittarlo più ma di riservarlo unicamente alla vendita. Per il momento non dovrebbero aver ancora ricevuto alcuna proposta d'acquisto ma immagino che non resterà invenduto per molto.
Stiamo entrando in un piccolo cafè quando Meggy inciampa, io la trattengo per la spalla e, sorridendo noto che, come è solita fare, ha perso una scarpa.
«Penso proprio, mia cara Cenerentola, che mai nessun soprannome sia stato più appropriato!», esclamo io ridendo.
Lei mi guarda e sorridendo aggiunge:
«Siamo una coppia decisamente ben assortita: Mr. Darcy e Cenerentola, potrebbe essere lo spunto per un nuova storia d'amore».
Attirandola verso di me per abbracciarla dico:
«Puoi scommetterci».

Epilogo

Da quella rocambolesca giornata sono trascorsi diversi mesi nei quali sono successe molte cose, tutte o quasi incredibilmente meravigliose.
Meggy è restata a Londra solo per qualche giorno perché non poteva prolungare il suo permesso da scuola e, ovviamente, è dovuta rientrare a New York da sola.
Diciamo che il viaggio di ritorno non è stato altrettanto tranquillo come quello dell'andata; ha incappato una giornata con scioperi del personale di volo e grandi ritardi ma, soprattutto, a metà tragitto, hanno trovato una considerevole perturbazione.
Inutile dire che Meggy, di cui già conoscete la paura di volare, ha dato il meglio di sé a bordo spaventando ulteriormente gli altri passeggeri.
Penso che farla salire di nuovo su un aereo non sarà semplice ma a questo penseremo più avanti.
Per quanto riguarda il mio lavoro, ho subito chiesto il trasferimento a New York e di questo Ivan è stato molto, molto, contento.
Mia sorella e mia madre, invece, erano un po' dispiaciute di questa mia decisione ma quando sono venute qui per la festa del Ringraziamento e hanno conosciuto Meggy ne sono rimaste entusiaste... per non parlare, poi, delle monelle delle mie nipotine. Sono innamorate pazze della zia newyorkese, ma questo già lo immaginavo.
Un'altra novità è che l'appartamento del ventitreesimo piano ha finalmente trovato un proprietario: Meggy e io abbiamo deciso di comprarlo. Dalla vendita del mio loft a Regent's Park

ho ricavato più di quanto mi aspettassi e così il tanto ambito attico del 440 Riverside Drive è diventato nostro.
In casa abbiamo ancora diversi scatoloni da disfare ma, considerando i ritmi della mia dolce metà, penso che ci rimarranno ancora per un po'.
Quasi mi dimenticavo, Oscar e io siamo diventati grandi amici, è stato un tonno in scatola a fare la differenza, da quando gliel'ho fatto assaggiare, tra di noi è nato un grande amore. La sera, quando Meggy mi costringe a guardare qualche sdolcinata commedia romantica, o varie rivisitazioni di *Orgoglio e pregiudizio*, il simpatico mustelide viene addirittura ad acciambellarsi sulle mie gambe.
Come tutti i fine settimana sono io a preparare la colazione mentre la mia dolce metà si concede qualche istante di relax a letto.
L'aroma della moka appena fatta riempie la cucina e dei pancakes, dall'aspetto assai discutibile, ma dei quali vado molto fiero, fanno bella mostra di sé in un piatto sulla penisola.
Insieme all'apparecchiatura, come sempre, il giornale aperto alla pagina del cruciverba.
Ecco che arriva, indossa uno di quei suoi buffi pigiami, i lunghi capelli sono spettinati, si avvicina e mi bacia.
«Buongiorno, mi sono svegliata con una fame pazzesca», dichiara prendendo un pancake e ricoprendolo di sciroppo d'acero.
Prende la penna e, tra una chiacchiera e l'altra, inizia a fare il gioco enigmistico.
«Strano, hai visto com'è semplice oggi?», mi dice scrivendo l'ennesima soluzione.
La osservo, non dovrei, ma stamattina sono nervoso.

«Tredici orizzontale: *"La mia domanda per te"*».
«Ma che cavolo vuol dire?»
Come sempre le chiedo:
«Quante lettere?»
La osservo contare le caselline.
«Quattordici».
«Prova a fare gli incroci, così non saprei...», le suggerisco.
Fa come le ho detto, io mi limito soltanto a guardarla.
Sono teso, il cuore accelera, poi... quando sbalordita si volta a guardarmi, mi inginocchio tirando fuori dalla tasca dei pantaloni una scatolina.
Lei mi fissa senza parlare.
«Allora, qual è la tua risposta alla mia domanda?», le chiedo.
«Ma... tu sei pazzo...», farfuglia lei.
Prendo l'anello che, già da diversi giorni, tenevo nascosto nella scrivania del mio studio e glielo infilo al dito.
Meggy guarda il diamante brillare sul suo anulare e mi attira a sé per baciarmi.
Quando mi sposto appena, quel tanto da permettermi di guardarla negli occhi, le rinnovo la mia domanda:
«Non hai ancora risposto... allora, mi vuoi sposare, Meggy Clayton?»
Delle lacrime di gioia stanno rigando le sue guance.
«Sì, sì e ancora sì», esclama lei abbracciandomi.
Con tutto questo trambusto Oscar è accorso a curiosare, io allungo la mano per accarezzargli il furbo musetto.
«Ma come hai fatto con il cruciverba?», mi chiede la mia futura sposa.
Sorrido.
«Beh, diciamo che lavorare per una nota rivista ha i suoi vantaggi. Quando ho telefonato al giornale chiedendo in

anteprima una copia del cruciverba della pagina enigmistica del weekend non potevano di certo rifiutarmi questo favore.
Così, mi sono fatto dare una mano da Ivan a crearne un altro in cui, risolvendo i vari incroci, risultasse proprio: *"La mia domanda per te"*. Poi abbiamo fatto ristampare la pagina e, stamattina, mentre ancora dormivi, ho sostituito quella originale con l'altra modificata».
Mi guarda continuando a tenere le sue dite intrecciate alle mie.
«Devo ammettere, caro Mr. Inerton, che mi hai proprio stupito, non avrei mai immaginato che mi avresti chiesto di sposarti».
Mi metto a ridere.
«A questo punto una domanda è d'obbligo».
Mi scruta.
«Su, avanti dimmi».
Le accarezzo la guancia e le chiedo:
«Mi chiedevo se ritieni ancora che il tuo amato Mr. Darcy sia l'uomo dei sogni o se invece pensi che qualcuno possa anche superarlo».
Si mette a ridere.
«Non dirmi che sei geloso del personaggio di un libro...»
Poi, avvicinandosi alle mie labbra, aggiunge:
«Sai, forse è giunto il momento di fare una rettifica, ma non dirlo a nessuno... tu sei decisamente migliore di lui!»
Ci guardiamo e non possiamo fare altro che scoppiare a ridere.
Adesso so di essere, esattamente, nel posto giusto nel momento giusto con l'unica donna che potrei amare.

The End

Ringraziamenti

Quando finisco di scrivere un romanzo provo sempre emozioni contrastanti: da un lato sono contenta che di lì a poco anche altre persone potranno conoscere questa nuova storia e dall'altro, invece, avverto una sorta di malinconia perché in qualche modo devo "salutare" quei personaggi che mi hanno tenuto compagnia per un po'.

Ma questo è normale, fa parte del gioco, e so già che, quando meno me lo aspetto, altri protagonisti faranno capolino nella mia mente.

Come per tutti gli altri libri, anche per *Non chiamatemi Cenerentola*, lo spunto mi è stato dato da ciò che mi circonda, una storia semplice nata un po' per caso.

Quest'anno Cece ha iniziato le elementari e voi vi chiederete: "E cosa c'entra questo con il tuo libro?". È molto semplice, è proprio andando ogni giorno a prenderla a scuola, osservando l'amore e la passione che le maestre dell'istituto mettono nel proprio lavoro, i preparativi per le recite e la quotidianità scolastica che nella mia mente si è delineato il personaggio di Meggy.

Un'insegnante dolce e attenta che svolge il suo lavoro con tanta passione, sempre disponibile per i suoi piccoli alunni proprio come la maestra di mia figlia a cui, senza che lei lo sapesse, mi sono ispirata per il personaggio di Meggy.

Grazie Cristiana, in Meggy c'è tanto di te!

Detto questo inizierò con i vari ringraziamenti, certa che come sempre mi scorderò qualcuno.

Chi ormai un po' mi conosce sa che, come sempre, inizierò col ringraziare la mia “rumorosa famiglia” e le mie splendide monelle, siete tutto per me.
I miei genitori per avermi sempre supportato ed avermi insegnato a credere in se stessi e nei propri sogni; la mia nonna Maria fonte inesauribile di amore e saggezza.
Ringrazio poi Susy, più che un’amica, che mi sopporta praticamente da sempre; un grazie speciale va a Rosa (la rosa dei libri)
unica e fidata beta reader che aspetto ancora di poter abbracciare. Senza di te tutto questo non sarebbe lo stesso!
Ringrazio le tante blogger che, con il loro prezioso lavoro, danno una mano a noi autrici, in particolar modo noi emergenti, a farci conoscere. Poi, ovviamente, non poteva mancare lui, mio marito, per aver creduto nelle mie storie ancor prima che iniziassi a farlo io.
Un ringraziamento speciale va a tutti voi lettori, grazie per aver deciso di trascorrere un po' del vostro tempo in compagnia dei miei personaggi, se potessi vi abbraccerei uno a uno.
Alla prossima storia
Con tanto affetto
Liz.

Liz Mac Tea: *Nel dicembre 2018 pubblica "Scrivimi ti amo" e nel marzo 2019 "Un disastro per amore", entrambi editi da Collana Floreale. Nell'estate del 2019 pubblica con Le Mezzelane CE "Non posso innamorarmi ancora" e nel luglio 2020 "Così vicino a te" con Butterfly Edizioni. A partire dal 2021 pubblica con Blueberry Edizioni: "Tutta colpa del tacco 12", "Un errore tira l'altro", "Amore extra contratto", "Cercasi lieto fine" e "Baciarmi non vale".*

Printed by Amazon Italia Logistica S.r.l.
Torrazza Piemonte (TO), Italy

48348276R00161